Die Preßgesetze des Erdballs

Band IX

Die Preßgesetze des Erdballs

In Verbindung mit dem

Institut für ausländisches öffentliches Recht und Völkerrecht in Berlin

und der

Fédération Internationale des Journalistes

Herausgegeben von:

Dr. Viktor Bruns
ordentlichem Professor des öffentlichen Rechts an der Universität Berlin und Direktor des Instituts für ausländisches öffentliches Recht und Völkerrecht

Dr. Kurt Häntzschel
Ministerialdirigenten im Reichsministerium des Innern, Dozenten für Preßrecht an der Universität Berlin, Vorsitzenden der Internationalen Preßrechtskommission der Fédération Internationale des Journalistes

Band IX

1931

Verlag von Georg Stilke, Berlin

Das sowjetrussische Preßrecht

von

Boris Mirkin-Gezewitsch
Professor am Internationalen Institut der Universität Paris,
Generalsekretär des Internationalen Instituts für öffentliches Recht

Für die deutsche Ausgabe
der Preßgesetze des Erdballs bearbeitet
von

Dr. Wolfgang Bretholz

1931

Verlag von Georg Stilke, Berlin

Schettlerdruck, Köthen (Anhalt)

Inhaltsverzeichnis

Schrifttum.

„Deistwujustscheje sakonodatelstwo o petschati — Das geltende Preßrecht", systematische Sammlung, zusammengestellt von L. G. Fogelewitsch, Syndikus des Komitees für Preßangelegenheiten. Juristischer Verlag des Volksjustizkommissariats der RSFSR. Moskau 1927.

„Enziklopedija prawa i gossudarstwa — Enzyklopädie des Staates und des Rechts". Verlag der kommunistischen Akademie. Moskau 1925—1927. I, II und III.

Jelistratow, „Administratiwnoje prawo RSFSR — Das administrative Recht der RSFSR". Staatsverlag. Leningrad 1925.

Kobalewski, „Otscherki sowetskogo administratiwnogo prawa — Skizzen des sowjetrussischen administrativen Rechts". Staatsverlag. Charkow 1924.

Mirkine-Guetzévitch, „La réglementation de la presse en Russie soviétique" („Revue Politique et Parlementaire" 1928, t. XXXIV).

Mirkin-Gezewitsch, „Die rechtstheoretischen Grundlagen des Sowjetstaates". Leipzig und Wien 1929.

Mirkine-Guetzévitch, „La théorie générale de l'Etat soviétique". Paris 1928.

Mirkine-Guetzévitch, „Les Constitutions de l'Europe nouvelle". Deuxième édition revue et augmentée. Paris 1930.

Mirkine-Guetzévitch, „Les Droits de l'Homme en Russie soviétique" (Edition de la Ligue Française des Droits de l'Homme). Paris 1927.

Dr. Wolfgang Bretholz, „Diktatur und Presse" in „Zeitungswissenschaft" III. 10.

I. Kapitel.

Die begrifflichen Grundlagen des sowjetrussischen Preßrechts.

A. Die sowjetrussischen Rechtsnormen.

Wie in allen Ländern der Welt, so ist auch in Sowjetrußland das Preßrecht ein Teil des öffentlichen Rechts; und es ist — wie überall — gerade der Teil, in dem sich die Grundtendenz des öffentlichen Rechts und des Verhältnisses zwischen Staat und Bürger, Gemeinschaft und Einzelwesen am deutlichsten spiegelt. Es ist daher nicht möglich, ein vollständiges und richtiges Bild von den einzelnen Instituten und Normen des sowjetrussischen Preßrechts zu geben, wenn man nicht die allgemeinen und grundsätzlichen Prinzipien des öffentlichen Rechts in Sowjetrußland und das Wesen der sowjetrussischen Rechtsnormen überhaupt berücksichtigt und zur Grundlage der Betrachtung macht. Denn das öffentliche Recht des Sowjetstaates weicht von dem öffentlichen Recht aller anderen Staaten in entscheidenden Dingen ab und ist ein ganz eigentümliches System rechtlicher Verhältnisse, das mit dem allgemeinen öffentlichen Recht nur wenig gemeinsam hat.

Das Fehlen von objektiven Rechtsnormen, die für die Staatsgewalt und für den Bürger gleich bindend sind, ist das charakteristischste Kennzeichen des öffentlichen Rechts in Sowjetrußland. An die Stelle jenes Ausgleichs zwischen Rechten und Pflichten, der in andern Ländern das Verhältnis zwischen Staatsgewalt und Bürger kennzeichnet, tritt in Sowjetrußland das Prinzip der unbegrenzten Macht des Staates über seine Bürger: „Der Staat", so erklärt die Sowjetlehre, „ist ein Verhältnis zwischen Macht auf der einen, Unterwerfung auf der anderen Seite[1])." Dieses Grundprinzip absoluter und unbegrenzter Macht des Staates über den Bürger, das in den allgemeinen politischen Formeln Lenins seinen Ursprung hat, findet seinen Ausdruck sowohl in der Rechtstheorie der sowjetrussischen Juristen, wie in der Gesetzgebung: Das

[1]) Gurwitsch, „Osnowy sowetskoi konstituzii — Grundsätze der Sowjet-Verfassung", 1923, S. 23.

Recht ist jedes subjektiven Eigenwerts entkleidet, es hat nur noch einen technischen Wert[1]), ist „rein instrumentaler Natur", wie die kommunistischen Kommentatoren betonen. „Ein revolutionäres Dekret ist nicht mehr als eine Richtlinie", schreibt Lenin[2]). Dem sowjetrussischen Gesetz fehlen somit alle formellen und materiellen Kennzeichen des Gesetzes, und es läßt sich daher — vom rechtswissenschaftlichen Standpunkt aus — nur sehr schwer feststellen, was überhaupt ein sowjetrussisches Gesetz ist und wodurch sich das Gesetz von einer administrativen Verordnung unterscheidet. Die Sowjetlehre lehnt denn auch die Unterscheidung zwischen Gesetz und Verordnung als „eine einfache Fiktion der bürgerlichen Wissenschaft und Praxis" ab[3]). Das Gesetz hat lediglich die Bedeutung eines technischen Mittels zur Verwirklichung der Staatsgewalt.

Träger dieser Staatsgewalt aber ist die kommunistische Partei, auf deren Diktatur die ganze öffentliche Struktur des Sowjetstaates aufgebaut ist. Sie ist zugleich, wie die gesamte sowjetrussische Rechtsliteratur hervorhebt, die höchste Recht-schaffende Instanz. „Die Diktatur wird vom Proletariat verwirklicht, das in Räten organisiert ist und von der kommunistischen Partei geleitet wird . . . Die Partei wird von einem Zentralkomitee geleitet, das aus neunzehn Mitgliedern besteht. Die laufende Arbeit in Moskau muß von noch engeren Kollegien erledigt werden, nämlich von dem sogenannten Organisations- und Politischen Büro, die in den Plenarsitzungen des Zentralkomitees gewählt werden und aus je fünf Mitgliedern des Zentralkomitees für jedes Büro bestehen. Keine wichtige Organisations- oder politische Aufgabe wird in unserer Republik durch

---

[1]) Vgl. das Kapitel „Das Gesetz im Sowjetstaat" in Mirkin-Gezewitsch, „Die rechtstheoretischen Grundlagen des Sowjetstaates", S. 69 ff., wo zahlreiche Zitate aus der sowjetrussischen juristischen Literatur angeführt sind.

[2]) Archipow, „Osnownyje momenty evoluzii ponjatija sowetskogo sakona — Grundmomente der Evolution der Auffassung des Sowjetgesetzes" („Sowetskoje prawo — Das Sowjetrecht", Moskau 1925, Nr. 5), S. 22.

[3]) Stutschka, „Utschenije o gossudarstwe proletariata i krestjanstwa i jego konstituzii — Die Lehre vom Proletarier- und Bauernstaat und seiner Verfassung", 5. Ausgabe, Moskau 1926, S. 194.

eine nicht staatliche Institution, ohne leitende Anweisungen des Zentralkomitees der Partei, gelöst[1])." Der Recht-schaffende Wille der durch das Zentralkomitee und seine Büros repräsentierten kommunistischen Partei ist das zweite grundlegende Merkmal des öffentlichen Rechts in Sowjetrußland. Und es hieße nicht nur die politische, sondern auch die rechtliche Wirklichkeit ignorieren, würde man dieses Kennzeichen außer acht lassen.

B. Sowjetrecht und Preßfreiheit.

Die Besonderheiten und Eigenarten des Sowjetrechts und des Sowjetstaates geben auch dem sowjetrussischen Preßrecht einen von dem Preßrecht aller anderen Staaten völlig abweichenden Charakter. Schon die Problemstellung und Aufgabe ist eine andere. Das Preßrecht anderer Länder ist dazu bestimmt, auf der einen Seite die Freiheit der Presse zu sichern und Inhalt und Umfang dieser Freiheit festzulegen, auf der anderen Seite die Einschränkungen der Preßfreiheit zu normieren, die zur Verfolgung von Preßdelikten und aus anderen Gründen nötig sind. Das sowjetrussische Preßrecht kennt diese Problemstellung nicht. Denn das Gesetz hat — als technisches Mittel zur Verwirklichung der Staatsgewalt — nicht die Aufgabe, Freiheitsrechte zu verbürgen und den Mißbrauch dieser Rechte durch Verbote und Strafvorschriften zu verhindern. „Das Grundprinzip unserer Gesetzgebung", so schreibt ein sowjetrussischer Staatsrechtler[2]), „das Prinzip, mit dem sich die bürgerliche Weltauffassung nicht einverstanden erklären kann, lautet: Was nicht erlaubt ist, ist verboten." Mit diesem Grundsatz ist die Frage nach Inhalt und Umfang der Preßfreiheit in Sowjetrußland bereits beantwortet. Es gibt keine Preßfreiheit, aber nicht deshalb, weil sie bis zur Negierung eingeschränkt wäre, sondern weil ihre Verwerfung — der Ideologie des Sowjetstaates entsprechend — das Primäre ist. Die sowjetrussische Rechtslehre verneint das Recht der Preßfreiheit, wie sie alle anderen

---

[1]) „Enziklopedija gossudarstwa i prawa — Enzyklopädie des Staates und des Rechts", Verlag der Kommunistischen Akademie, 1925/26, I, S. 935.

[2]) Malitzki, „Sowetskoje gossudarstwennoje prawo — Das sowjetrussische Staatsrecht", Ausgabe des ukrainischen Volksjustizkommissariats, Charkow 1926, S. 14.

Rechte des Menschen und Bürgers verwirft[1]) und die Sicherstellung jedes Individualrechts ablehnt[2]). In der zeitgenössischen Rechtsliteratur, in den dem Preßregime gewidmeten Spezialwerken wird die sowjetrussische Gesetzgebung als ein Beispiel der äußersten Einschränkung der Preßfreiheit oder der vollständigen Vernichtung der freien Presse dargestellt[3]). Das ist richtig, soweit es sich um die Einschätzung der tatsächlichen Verwerfung der Preßfreiheit in der UdSSR handelt; stets jedoch ist hierbei zu beachten, daß die Preßfreiheit in Sowjetrußland, als unvereinbar mit der Ideologie des Sowjetstaates um ihrer selbst willen, überhaupt nicht zur Diskussion steht.

Es würde zu weit führen, wenn wir hier diese prinzipielle Verneinung der Preßfreiheit aus der Ideologie des Sowjetstaates ableiten wollten. Auch sie hat ihre Wurzel in der Lehre Lenins, der sie in zahlreichen Schriften und Reden eingehend begründet und dargelegt hat[4]), und ist von hier aus in die Werke sämtlicher kommunistischer Staatsrechtler übergegangen. Das „sogenannte Prinzip der Preßfreiheit widerspricht der Natur des Klassenstaates[5])."

Mit dieser prinzipiellen Ablehnung der Preßfreiheit fallen dem Preßrecht selbstverständlich völlig andere Aufgaben zu als die, die es in anderen Ländern zu erfüllen hat. Das zeigt sich schon rein äußerlich: Vergeblich sucht man nach einem eigent-

---

[1]) Mirkine-Guetzévitch, „Les droits de l'homme en Russie soviétique", Paris 1927.

[2]) Jelistratow, „Administratiwnoje prawo RSFSR — Das administrative Recht der RSFSR", Staatsverlag, Leningrad 1925, S. 7.

[3]) Vgl. z. B. Potulicki, „Le régime de la presse (étude de législation pénale comparée)", Paris 1929. Der Verfasser betont mit Recht, daß die vollständige Negierung der Preßfreiheit in Sowjetrußland mit der administrativen Natur der Repressalien verbunden ist (S. 95 ff.). Die Beseitigung der freien Presse ist jedoch auf der Grundlage der staatlichen Monopolisierung des Denkens aufgebaut, wobei die administrative Repressalie lediglich eine technische Methode darstellt.

[4]) Vgl. Lenin, „Sobranije sotschinenij — Sämtliche Werke", Bd. 15 u. 16, ferner Lenin „O proletarskom gossudarstwe — Der proletarische Staat", Moskau 1924; Lenin, „O gossudarstwe — Der Staat", Moskau 1925, und andere Werke Lenins.

[5]) Dranizyn, „Konstituzija SSSR i RSFSR — Verfassung der UdSSR und RSFSR", Leningrad 1925, S. 32.

lichen, einheitlichen Preßgesetz. An seiner Stelle findet man eine Fülle von Einzelvorschriften, die in zahlreichen Dekreten, Verfügungen, Zirkularen und Verordnungen verstreut niedergelegt sind und die sich ihrer rechtlichen Natur nach nur schwer identifizieren lassen. Aus ihnen ein eigentliches System des sowjetrussischen Preßrechts abzuleiten, ist mit den größten Schwierigkeiten verbunden. Denn sie sind nicht „Gesetze" im Sinne der bürgerlichen Rechtsstaaten, sondern — dem Wesen der sowjetrussischen Rechtsnormen entsprechend — „Richtlinien zur Verwirklichung der Staatsgewalt". Und nicht Rechte und Pflichten zu verteilen, sondern die sowjetrussische Presse der Diktatur des Proletariats dienstbar zu machen, ist ihre Aufgabe.

2. Kapitel.

Die Entwicklung des sowjetrussischen Preßrechts.

A. Die Unterdrückung der Bourgeois-Presse.

Ende Oktober 1917 trat durch den Aufstand der Bolschewiki an die Stelle der Kerenski-Regierung das durch die Arbeiter- und Soldatenräte verkörperte Sowjetregime. Es beseitigte die gesamte Rechtsordnung der vergangenen geschichtlichen Epoche Rußlands und begann schon wenige Tage später mit seinen ersten Maßnahmen gegen die Presse. Am Anfang dieser Maßnahmen, die zunächst durch eine völlige Zufälligkeit und Planlosigkeit gekennzeichnet sind, steht ein Dekret, das der Rat der Volkskommissare schon am dritten Tage seines Bestehens, am 28. Oktober 1917, herausgegeben hat. Die Präambel dieses Dekrets lautet:

„Während des schweren und entscheidenden Schrittes des Umsturzes und während der Tage, die unmittelbar auf ihn folgten, war das zeitweilige revolutionäre Komitee genötigt, eine ganze Reihe von Maßnahmen gegen die gegenrevolutionäre Presse in ihren verschiedenen Schattierungen zu ergreifen. Unverzüglich erhob sich daraufhin von allen Seiten ein Protestschrei dagegen, daß die neue sozialistische Gewalt ein Grundprinzip ihres Programms verletzt habe, indem sie die Freiheit der Presse antastete.

Die Arbeiter- und Bauernregierung wendet die Aufmerksamkeit der Bevölkerung darauf, daß sich in unserer Gesellschaft hinter einem liberalen Vorhang in Wirklichkeit nur die Freiheit für die besitzenden Klassen verbarg, die den Löwenanteil an der ganzen Presse an sich gerissen haben und die darum imstande sind, unbehindert den Verstand zu vergiften und Verwirrung in die Massen zu tragen. Jeder weiß, daß die Bourgeois-Presse eine der mächtigsten Waffen der Bourgeoisie ist. Besonders in den kritischen Augenblicken, da sich gerade die neue Regierung der Arbeiter und Bauern befestigte, war es unmöglich, diese Waffe vollständig in der Hand des Feindes zu lassen, da sie in solchen Augenblicken nicht weniger gefährlich ist als Bomben und Maschinengewehre. Deshalb wurde eine ganze Reihe zeitweiliger und außerordentlicher Maßnahmen zur Unterdrückung des Stromes von Schmutz und Verleumdung ergriffen, in dem die gelbe und grüne Presse gerne den jungen Sieg des Volkes ertränkt hätte."

Das Dekret selbst, das durch diese programmatischen Sätze eingeleitet wird, besteht nur aus drei kurzen Artikeln, in denen die „selbst in kritischen Augenblicken absolut notwendigen Grenzen" festgesetzt werden, in denen eine Bedrückung der Presse zulässig sei. Der erste Artikel bestimmt, daß einem Verbot nur die Presseorgane unterliegen sollen, die zum offenen Widerstand oder Ungehorsam gegen die Arbeiter- und Bauernregierung aufrufen, durch offensichtlich böswillige Entstellung von Tatsachen Verwirrung verursachen oder zu Taten anspornen, die offensichtlich verbrecherisch sind. Der zweite Artikel verfügt, daß ein zeitweiliges oder dauerndes Verbot von Preßorganen nur auf Verfügung des Rates der Volkskommissare durchgeführt werden dürfe. In dem dritten Artikel wird ausgesprochen, daß das Dekret nur einen zeitweiligen Charakter habe und durch ein besonderes Gesetz abgelöst werden solle, sobald normale Zustände im gesellschaftlichen Leben eingetreten sein würden[1]).

Im Dezember 1917 folgte diesem Dekret die Verordnung über das Revolutionstribunal für die Presse, durch die in Petrograd und in verschiedenen anderen Städten eigene Gerichtshöfe für Preßdelikte geschaffen wurden. Der Zuständigkeit der Revolutionstribunale unterlagen alle „Verbrechen und Vergehen gegen das Volk", die mittels der Presse begangen werden. Zu ihnen zählte jegliche Mitteilung von un-

---

[1]) „Gaseta wremennago rabotschego i krestjanskogo prawitelstwa — Zeitung der provisorischen Arbeiter- und Bauernregierung", Nr. 1 vom 28. Oktober 1917 (alte Zeitrechnung).

wahren oder entstellten Nachrichten über die Erscheinungen des öffentlichen Lebens, soweit sie „Angriffe auf die Rechte und Interessen des revolutionären Volkes" darstellen. Die Tribunale setzten sich aus drei Personen zusammen, die für eine Frist von nicht mehr als drei Monaten durch den Rat der Arbeiter- und Soldatendeputierten gewählt wurden. Diesen drei Männern wurde sowohl die vorläufige Ermittlung als auch die gesamte Untersuchung und Aburteilung übertragen. Als Strafen konnten Geldstrafen, der in dem Preßerzeugnis selbst zu veröffentlichende „Ausdruck der öffentlichen Verachtung", sowie zeitweilige oder dauernde Einstellung der Zeitung und Einziehung der Druckerei oder des Eigentums des Preßerzeugnisses verhängt werden.

Mehrere Monate lang beschäftigten sich diese Revolutionstribunale mit Prozessen gegen oppositionelle Redakteure und Journalisten, verhängten Strafen und verfügten Zeitungsverbote. Ein materielles Strafrecht, das dieser Tätigkeit der Revolutionstribunale als Grundlage gedient hätte, gab es zu dieser Zeit in Sowjetrußland noch nicht. Das gesamte Recht der vorhergehenden Periode der russischen Geschichte war annulliert, ein neues geschriebenes Recht — mit Ausnahme eines elementaren Prozeßrechts — noch nicht geschaffen. So war für die Richter der Revolutionstribunale einzige Richtlinie ihrer Rechtsprechung die „sozialistische Rechtsauffassung"[1]).

Im März 1918 wurden die besonderen Gerichtshöfe für Preßdelikte beseitigt; von diesem Zeitpunkt an waren für alle Preßsachen die gewöhnlichen Revolutionstribunale zuständig, die allerdings noch immer ohne materielle strafrechtliche Normen arbeiteten. Maßgebend waren in erster Linie Gründe der Zweckmäßigkeit.

In diese erste Periode des Sowjetregimes fällt die vollständige Zerstörung der bürgerlichen Presse. Dieses Ziel wurde durch das Zusammenwirken von gesetzgebenden, gerichtlichen und administrativen Organen, durch die Tätigkeit der Revolutionstribunale und der politischen Polizei, durch die Praxis administrativer und gerichtlicher Repressalien gegen Zeitungen, Drucker, Verleger und Journalisten erreicht. Ein besonders großer Teil der noch bestehenden Zeitungen wurde im Frühjahr 1918 endgültig verboten; dabei spielte die

[1]) Dekret vom 30. November 1918, § 22.

im März 1918 eingerichtete Kriegszensur, die eine rein politische Färbung hatte, eine entscheidende Rolle. Die restlichen periodischen Druckschriften konnten sich zwar noch eine Zeitlang behaupten; ihre Herausgeber und Redakteure wurden jedoch durch dauernde Repressalien, besonders durch wochenlange Verbote, so zermürbt, daß die Blätter allmählich ihren politischen Charakter einbüßten. Die Monopolisierung der bezahlten Inserate, über die weiter unten eingehender zu sprechen sein wird, untergrub die wirtschaftliche Existenzgrundlage. Die Krönung dieser Entwicklung bildet ein Dekret vom 8. August 1918, durch das die gesamte bürgerliche, d. h. nicht bedingungslos das Sowjetregime anerkennende Presse, „für immer verboten" wurde. Damit war für den Aufbau der sowjetrussischen Staatspresse der Weg frei gemacht.

B. Der Aufbau der sowjetrussischen Staatspresse.

Noch ehe das Zerstörungswerk an der Bourgeoispresse abgeschlossen und die Vernichtung der unabhängigen Presse vollendet war, begann die Monopolisierung des sowjetrussischen Zeitungswesens, die den Kernpunkt der gesamten aktiven sowjetrussischen Pressepolitik bildet. Diese Einordnung der Publizistik unter die staatlichen Institutionen — die im übrigen nur ein Teil der Monopolisierung des Denkens in Sowjetrußland ist — läßt sich nicht besser veranschaulichen als durch die Darstellung ihrer allmählichen Entwicklung von den ersten Anfängen bis zu ihrem jetzigen Stadium.

Ein Dekret, das der Rat der Volkskommissare im November 1917[1]) herausgab, und das sich zunächst nur auf bezahlte Inserate bezieht, ist der Anfangspunkt der neuen Auffassung von der Presse in Sowjetrußland. Die ersten beiden Artikel dieses Dekrets haben folgenden Wortlaut: „Der entgeltliche Abdruck von Anzeigen in periodischen Preßorganen, Almanachen und Anschlagzetteln, sowie die Inseratenabgabe und -aufnahme durch Zeitungsstände, Büros und ähnliche Unternehmungen wird zum Staatsmonopol erklärt. Nur die Veröffentlichungen der Arbeiter- und Bauernregierung in Petrograd

---

[1]) „Zeitung der Provisorischen Arbeiter- und Bauernregierung", Nr. 6, vom 8. November 1917.

und die Veröffentlichungen der örtlichen Arbeiter-, Bauern- und Soldatenräte dürfen Anzeigen drucken. Der Abdruck von Anzeigen wird den hierzu nicht befugten Blättern verboten." Die Zuwiderhandlung gegen dieses Verbot, zu der auch die entgeltliche Aufnahme von privaten Anzeigen in maskierter Form gehört, wird mit der Strafe der Vermögenseinziehung oder mit Gefängnis bis zu drei Jahren bedroht.

Das Dekret vom 8. November 1917 wurde durch ein Dekret des allrussischen Zentralexekutivkomitees vom 21. April 1924 bestätigt. In ihm lautet die entsprechende Bestimmung: „Inseratendruck gegen Bezahlung ist in privaten Druckschriften nicht zugelassen." Die Verletzung dieses Verbots wird nach § 185 des Strafgesetzbuchs bestraft. § 2 des Dekrets gestattet lediglich den Inseratendruck gegen Bezahlung in gewerkschaftlichen und kooperativen Preßorganen.

Mit der Einführung des staatlichen Anzeigenmonopols hat der Sowjetstaat den ersten Schritt zur Monopolisierung der gesamten Presse getan. Das Ziel, die Publizistik restlos in den Dienst des Staates zu stellen und zu einer staatlich geregelten Institution zu machen, ist denn auch bereits in der ersten Verfassung der UdSSR vom 10. Juli 1918 mit klaren Worten zum Ausdruck gekommen[1]). Durch ein Dekret vom Jahre 1919 wurde ein besonderes Amt, der Staatsverlag, geschaffen, dessen Aufgabe die Verlegung und Verbreitung der monopolisierten staatlichen Druckerzeugnisse bildet[2]). In der Hauptverwaltung für die Angelegenheiten der Literatur und des Verlagswesens, der „Glawlit", über die noch eingehend zu sprechen sein wird[3]), wurde eine Instanz geschaffen, der die Leitung der Monopolpresse in ideologischer Hinsicht anvertraut wurde. Eine Verordnung des Zentralkomitees der kommunistischen Partei vom 23. August 1926 sicherte den Parteicharakter des Preßmonopols. Zeitung, Zeitschrift, Buch verlieren ihren privatwirtschaftlichen Charakter. Nur der Staat allein darf schreiben, drucken und Druckerzeugnisse verbreiten. Und es gibt bis heute in Sowjetrußland keine Informations- und keine politische Zeitung,

---

[1]) Näheres unten S. 17.

[2]) Näheres über den Staatsverlag s. unten S. 22.

[3]) Siehe unten S. 25.

deren Herstellung, Druck und Verbreitung nicht Teil des staatlichen Preßmonopols wäre[1]).

C. Die Durchbrechung des Monopolprinzips durch die Nep.

Wäre die Entwicklung des sowjetrussischen Pressewesens in der Richtung auf ein unumschränktes Staatsmonopol hin ungehemmt fortgeschritten und in keiner Weise unterbrochen worden, dann gäbe es vom sowjetrussischen Preßrecht über die Feststellung des Staatsmonopols und die Maßnahmen zu seiner Durchführung im einzelnen hinaus nur wenig zu sagen. Die Monopolisierung hat jedoch eine einschneidende Unterbrechung durch die Verkündung der Nep, der „Neuen Ökonomischen Politik", der „Verbindung der sozialistischen Großindustrie mit der Kleinwirtschaft der einfachen Warenproduktion auf der Grundlage der Marktverhältnisse" im Jahre 1921 erfahren. Denn die Nep ermöglichte eine wenn auch eng begrenzte Existenz einer Privatpresse, verletzte das Monopolprinzip und zwang das Sowjetrecht zu preßgesetzlichen Maßnahmen, die bei einer restlos konsequenten Durchführung des Preßmonopols überflüssig gewesen wären. Und wenn die private Betätigung auf dem Gebiete der Herstellung und Verbreitung von Druckerzeugnissen auch nur einen sehr geringen Spielraum hat — sie beschränkt sich auf nichtpolitische Druckschriften und Bücher —, so basiert doch heute das gesamte geltende Preßrecht auf dem prinzipiellen Widerspruch zwischen der Zulässigkeit von Privatdruckausgaben und dem Monopolprinzip.

Während bei der Gesamtheit der Vorschriften, die sich auf die Monopolpresse beziehen, Verstaatlichung und Beaufsichtigung in ideologischer Beziehung Ziel und Zweck der Bestimmungen sind, mußte der Verzicht auf das Monopol bei einem Teil der Druckschriften zur Einführung von Zensurmaßnahmen und administrativen und gerichtlichen Repressalien führen. Dieser Zwang zeitigte gleichfalls eine große Zahl von Gesetzen, Verordnungen und Dekreten, die teilweise neben den Monopolgesetzen einhergehen, teilweise sich mit ihnen berühren und in sie übergreifen.

Bei der Verkündung der Nep wurde für Tageszeitungen das Staatsmonopol beibehalten, daneben aber das Erscheinen pri-

[1]) Die einzige Ausnahme bildet die seit 1929 in Moskau in deutscher Sprache erscheinende „Moskauer Rundschau".

vater Druckausgaben ermöglicht. Ein Dekret des Rats der Volkskommissare vom 12. Dezember 1921 regelte diese Möglichkeit der Eröffnung privater Verlagsunternehmen im einzelnen und schuf zum erstenmal neben der Genehmigungserteilung die Vorzensur der Manuskripte[1]). Hier zeigte sich zum erstenmal in der Entwicklung des sowjetrussischen Preßwesens die Teilung der Druckerzeugnisse in zwei Kategorien mit ganzer Deutlichkeit: Auf der einen Seite steht die vom Staate monopolisierte Presse, auf der anderen die unter der Bedingung vorhergehender Genehmigung und strengster Vorzensur zugelassene Privatpresse. Allerdings behielt der Staat das Vorrecht des Ankaufs jeder Gesamtdruckauflage.

Die beiden Richtungen, in denen sich von der Verkündung der Nep an die sowjetrussische Presse entwickelt hat, wurden im Jahre 1922 durch das eigentliche russische Preßgesetz, die „Verordnung über die Hauptverwaltung der Angelegenheiten der Literatur und des Verlagswesens", zusammengefaßt und gewissermaßen unter ein gemeinsames Dach gebracht. Die durch dieses Dekret geschaffene Glawlit verfolgt entsprechend der zweifachen Natur der Sowjetpresse auch zweierlei Zwecke: Zwecke des Monopols auf der einen, Zwecke der Überwachung und Zensur der Privatverlage auf der anderen Seite.

Die hier geschilderte Zweiteilung des russischen Pressewesens mußte naturgemäß auch die Disposition dieser Darstellung beeinflussen. Monopolpresse und Privatpresse werden bei der Betrachtung des heute geltenden sowjetrussischen Preßrechts gesondert zu behandeln sein.

3. Kapitel.

Das Preßmonopol.

A. Die verfassungsrechtliche Grundlage.

Wie die Verfassungen anderer Länder den Grundsatz der Preßfreiheit und der Freiheit der Meinungsäußerung proklamieren und damit die Grundlage für die Spezialgesetzgebung auf dem Gebiete des Preßrechts schaffen, so proklamiert die Verfassung des Sowjetstaates das Prinzip der Staatspresse. Schon die erste Verfassung der UdSSR vom 10. Juli 1918 bestimmte in Artikel 14: „Um den Arbeitenden

[1]) Siehe unten S. 23.

eine wirkliche Freiheit des Ausdrucks ihrer Ansichten zu sichern, vernichtet die RSFSR die Abhängigkeit der Presse vom Kapital, stellt der Arbeiterklasse und dem Bauerntum sämtliche technischen und materiellen Mittel zur Herausgabe von Zeitungen, Broschüren, Büchern und allen anderen Druckschriften zur Verfügung und garantiert deren freie Verbreitung im ganzen Lande." Dieser Verfassungsartikel ist unverändert als Artikel 5 in die revidierte Verfassung der RSFSR vom 11. August 1925 übernommen und auch bei der neuerlichen Überprüfung der Verfassung am 18. Mai 1929 beibehalten worden. Nach dem Muster dieses Artikels wurden in die Verfassungen der übrigen Mitgliederrepubliken der UdSSR entsprechende Artikel aufgenommen.

B. Die rechtliche Lage der Monopolpresse.

Der Grundsatz, der in diesen Verfassungsartikeln zum Ausdruck kommt und die gesamte Herstellung und Verbreitung von periodischen und nichtperiodischen Druckschriften in den Dienst des Staates stellt, bildet die Grundlage des sowjetrussischen Preßmonopols. Denn die Worte, daß der Arbeiterklasse und dem Bauerntum sämtliche technischen und materiellen Mittel zur Herausgabe aller Druckschriften zur Verfügung gestellt werden, bedeutet nichts anderes als die Übernahme der Presse in staatliche Verwaltung. Es gibt für diese nicht so sehr rechtliche als tatsächliche Situation im Pressewesen anderer Staaten kein Analogon. Die Presse ist — als Staatsmonopol — nichts anderes als das Post- oder Verkehrswesen. Der Journalist ist eine Amtsperson, ein Beamter, dessen rechtliche Beziehungen zum Staat nicht durch das Preßrecht, sondern durch die Gesetze über den Staatsdienst geregelt werden. Damit fallen alle für die Preßgesetzgebung anderer Länder so wichtigen Bestimmungen über die preßrechtliche Verantwortlichkeit weg. Es gibt kein spezifisches Preßdelikt, denn alle mittels der Presse begangenen Vergehen und Verbrechen sind Amtsdelikte, die aller besonderen Eigenschaften entbehren, die in anderen Ländern ein besonderes Preßstrafrecht bedingen. Verleger, Drucker und Verbreiter der monopolisierten Presse ist der Staat selbst, der diese Funktionen durch ein eigenes staatliches Amt, den Staatsverlag, ausübt[1]. Ja sogar die Funktionen der

[1] Näheres über den Staatsverlag siehe unten S. 22.

Zeitungsberichterstatter sind staatliche Funktionen, mitunter sogar die Funktionen einer mit rein polizeilichen Vollmachten versehenen Amtsperson; daraus erklären sich die besonderen Bestimmungen, durch die die Lebensgefährdung eines Zeitungsberichterstatters der Lebensgefährdung einer Amtsperson gleichgestellt wird[1]).

C. Die ideologische Leitung der Monopolpresse.

So dürftig demnach die eigentlichen preßrechtlichen Normen sind, die sich unmittelbar auf die Monopolpresse beziehen, so zahlreich und ausführlich sind die Richtlinien und Vorschriften, die zum Zwecke ihrer ideologischen Leitung und Überwachung vorhanden sind. Diese Überwachung ist entsprechend dem bereits gekennzeichneten Doppelcharakter des Sowjetstaates zweifacher Natur: Sie geht einerseits von der Kommunistischen Partei, andererseits vom Sowjetstaat und seinen Organen selbst aus. Ziel dieser ideologischen Überwachung ist im ersten Fall die Wahrung des Parteicharakters der Sowjetpresse, im zweiten Fall die Wahrung der staatlichen Interessen.

Mit der Wahrung des Parteicharakters der sowjetrussischen Monopolpresse ist durch eine Verordnung des Zentralkomitees der Kommunistischen Partei vom 23. August 1926[2]) das Zentralkomitee der Kommunistischen Partei betraut worden. Es heißt in dieser Verordnung: „Nachdem das Zentralkomitee den Bericht der Sowjetämter, die sich mit Presseangelegenheiten befassen, zur Kenntnis genommen hat, stellte es fest, daß infolge ungenügender Abgrenzung zwischen den Funktionen der Presseabteilung des Zentralkomitees und denen der mit Presseangelegenheiten beschäftigten Sowjetämter die Presseabteilung mit Angelegenheiten überlastet wurde, die die Natur des Sowjetstaates, seine Wirtschaftsorganisation, Produktion und Finanzen betreffen, was der Grundaufgabe der Presseabteilung: der Verwirklichung der ideologischen Leitung zum Schaden gereicht. Das Zentralkomitee hat es daher zwecks Kräftigung der ideologischen Leitung der Presse und Sicherung einer wirtschaftlichen Regulierung der Produktion und Verbreitung der Druckschriften für notwendig gehalten, die Tätig-

---

[1]) Siehe unten S. 22.

[2]) Anhang 2.

keit der Presseabteilung gegenüber der Tätigkeit der Sowjetämter, die sich mit Presseangelegenheiten beschäftigen, abzugrenzen und die beiderseitigen Funktionen gemäß folgenden Grundsätzen zu verteilen." In dieser Einleitung zu der Verordnung des Zentralkomitees kommt das Nebeneinander von Instanzen der Kommunistischen Partei und Sowjetämtern mit vollster Deutlichkeit zum Ausdruck. Es folgt dann eine Aufteilung der Kompetenzen, die jedoch in der Praxis durchaus nicht so streng durchgeführt erscheint wie auf dem Papier. Dem Volksaufklärungskommissariat werden nur die Angelegenheiten der administrativen Leitung der Presse „im Einklang mit der Politik der Sowjetmacht", der statistischen Erfassung der Presse, des Studiums und der Bewertung von Büchern kulturpolitischen Inhalts, sowie der systematischen Beaufsichtigung von Lehrbüchern und Lehrmitteln zugewiesen. Der Presseabteilung des Zentralkomitees dagegen sollen alle „Probleme der ideologischen Leitung" obliegen. Sie erhält als „Organisation des Zentralkomitees der Partei, durch welche dieses die ideologische und politische Leitung der Presse verwirklicht", eine Reihe von Grundaufgaben zugewiesen, die in folgende fünf Punkte zerfallen:

1. Aufklärung der ideologischen Ansprüche der Arbeiter- und Bauernmassen sowie sämtlicher Schichten der Sowjetgesellschaft;
2. rechtzeitige Anregung neuer Fragen und Probleme und Mitwirkung an deren richtiger Lösung in der Parteipresse;
3. Hinzuziehung der Presse zur aktiven Förderung der Parteibeschlüsse sowie Beobachtung der Presse aller Arten zwecks richtiger Förderung der Parteipolitik;
4. Durchführung einer Kontrolle, die die ideologische Standhaftigkeit und die notwendigen Eigenschaften der Presse sichert und ihre Mißstände beseitigt;
5. Stärkung der Preßorganisation durch Auswahl und Ausbildung von Pressearbeitern, Ausgestaltung und Beaufsichtigung der Redaktionen der periodischen Presse und der Verlage usw.[1]).

[1]) Diese Aufzählung der Aufgaben, die der Presse-Abteilung des Zentralkomitees zugewiesen werden, in der Verordnung des Zentralkomitees vom 23. August 1926, veranschaulicht mit eindringlicher Deutlichkeit das im 1. Kapitel allgemein über das Wesen der sowjet-

Zu dieser ideologischen Überwachung der Sowjetpresse durch die Kommunistische Partei kommt dann als zweites die eigentliche staatliche Überwachung hinzu, die in den Jahren 1919 bis 1922 in den Händen des Staatsverlages, d. h. desselben Amtes, das die Verlegung und Verbreitung der Monopolpresse ausführt, seit 1922 in den Händen der „Hauptverwaltung in Literatur- und Verlagsangelegenheiten", der Glawlit, liegt. Sowohl der Staatsverlag wie die Glawlit unterstehen unmittelbar dem Volksaufklärungskommissariat, sind also, im Gegensatz zu der Presseabteilung des Zentralkomitees der Kommunistischen Partei, nicht als Parteiinstanzen, sondern als staatliche Instanzen anzusehen. Die Glawlit insbesondere, die im Jahre 1922 „zwecks Vereinheitlichung aller Zensurarbeiten für Druckschriften" eingesetzt wurde, ist durch die kompliziertesten Fäden mit einer Fülle von staatlichen Sowjetämtern verbunden. Sie hat, entsprechend dem Doppelcharakter der Sowjetpresse, eine doppelte Aufgabe. Während sich, wie weiter unten zu zeigen sein wird[1]), ihre Tätigkeit gegenüber privaten Verlagen auf Zensur und administrative Repressalien, also auf Funktionen negativer Art, beschränkt, erfüllt sie in ihrer Eigenschaft als höchste Überwachungszentrale für die Monopolpresse den staatlichen Druckschriften gegenüber positive Funktionen, indem sie sie in ideologischer Hinsicht leitet. Von der eigentlichen Vorzensur, der alle privaten Druckschriften voll und ganz unterworfen sind, ist die Monopolpresse durch § 4 der Bestimmungen über die Hauptverwaltung in Literatur- und Verlagsangelegenheiten vom 6. Juni 1922 befreit; dagegen untersteht auch sie der ganz allgemeinen Bestimmung (§ 2d) der Glawlitverordnung, durch die dieser Instanz die „Herausgabe von Regeln, Verordnungen und Instruktionen in Presseangelegenheiten, welche für sämtliche Preßorgane, Verlage, Druckereien, Leihbibliotheken und Buchhandlungen obligatorisch sind", auferlegt wird.

Nähere Bestimmungen über die Art, in der die Glawlit die Monopolpresse überwacht, und über die dabei angewandten

---

russischen Rechtsnormen Gesagte: Von konkreten Vorschriften im Sinne unserer Gesetzgebung kann nicht die Rede sein, vielmehr handelt es sich um Verfügungen und Anweisungen allgemeiner Art, deren Inhalt und Auslegung den mit ihrer Ausführung beauftragten Ämtern überlassen bleibt.

[1]) Siehe unten S. 27.

Mittel enthalten weder die Glawlitverordnung, noch die Instruktionen der Glawlit für ihre örtlichen Abteilungen.

D. Der Staatsverlag.

Zur Durchführung des Preßmonopols, d. h. zur Herausgabe und Verbreitung der staatlichen Druckerzeugnisse, wurde im Jahre 1919 ein besonderes Amt, der Staatsverlag, geschaffen, der in dem Dekret des Rats der Volkskommissare vom 2. Juli 1923[1]), das seine Aufgaben und Organisation regelt, als „staatlicher Apparat zur Herausgabe und Verbreitung von Druckerzeugnissen" bezeichnet wird. Der Staatsverlag ist eine eigenartige Kombination von Amt und wirtschaftlichem Unternehmen. Er hat die Rechte eines Staatstrusts, ist von allen staatlichen Steuern und Abgaben befreit und unmittelbar dem Volksaufklärungskommissariat unterstellt, das als eines der drei Verwaltungs- und Revisionsorgane des Staatsverlags fungiert. Dem Volksaufklärungskommissariat obliegt die Ernennung der maßgebenden Leiter sowohl der Verwaltung wie der Redaktion des Staatsverlags, die Bestimmung der Bezüge dieser Personen, die Bestätigung des Jahresberichts und des allgemeinen Arbeitsplanes des Staatsverlags und vor allem gemäß § 7 des Dekrets vom 2. Juli 1923 die Beaufsichtigung der Tätigkeit des Staatsverlages im allgemeinen und die Erteilung allgemeiner Aufgaben an ihn auf dem Gebiete der Kultur und Aufklärungsarbeit. Nur „in der laufenden administrativen und operativen Arbeit behält der Staatsverlag seine Selbständigkeit".

Das zweite Organ des Staatsverlags ist die sogenannte Verwaltung, deren Vorsitzender, stellvertretender Vorsitzender und Verwaltungsmitglieder vom Volksaufklärungskommissariat ernannt werden. Der Vorsitzende der Verwaltung ist gleichzeitig Leiter des Staatsverlags und für dessen gesamte Tätigkeit verantwortlich. Die Verwaltungsmitglieder tragen die Verantwortung im Rahmen ihrer Kompetenz bezüglich der durch die Verwaltung gefällten Entscheidungen. Eines der Verwaltungsmitglieder ist Vorsteher des Redaktionskollegiums, das „die Tätigkeit des Staatsverlages in ideologischer Hinsicht leitet". Auch dieser Hauptredakteur und das unter seinem Vorsitz stehende Redaktionskollegium wird vom Volksaufklärungskommissariat ernannt. Ohne Einverständnis des Hauptredakteurs

---

[1]) Anhang 7.

darf der Staatsverlag keine Druckschrift herausgeben. Schließlich existiert noch eine Revisionskommission, bestehend aus drei Mitgliedern, von denen zwei vom Volksaufklärungskommissariat ernannt werden, während das dritte Mitglied der Vorsitzende des Zentralkomitees der Gewerkschaft der Volksaufklärungsarbeiter ist. Diese Revisionskommission hat die regelmäßigen Berichte und Bilanzen des Staatsverlags zu prüfen und den Jahresbericht zu begutachten.

4. Kapitel.

Die monopolfreie Presse.

A. Die Entstehung von Privatverlagen.

Als durch die Einführung der Nep im Jahre 1921 zwar für Tageszeitungen das Staatsmonopol beibehalten, im übrigen aber eine gewisse Möglichkeit des Erscheinens privater Druckausgaben geschaffen wurde, konnte sich der Sowjetstaat nicht mehr mit der ideologischen Überwachung und Leitung der Druckerzeugnisse begnügen. Hatte er bis dahin alle Zensur- und zensurähnlichen Maßnahmen vermeiden können, so mußte er nunmehr der monopolfreien Presse gegenüber mit neuen Mitteln arbeiten, um auch sie den Zwecken des Sowjetstaates dienstbar zu machen. Auf dieser Grundlage hat sich das System einer lückenlosen Vorzensur und strengen Herstellungs- und Verbreitungskontrolle entwickelt, das für die rechtliche Lage der privaten Druckerzeugnisse in Sowjetrußland kennzeichnend ist.

Die Einführung der Nep fällt in den Herbst des Jahres 1921. Bereits am 12. Dezember 1921 erließ der Rat der Volkskommissare ein Dekret[1]), das die bisher völlig ausgeschlossene Eröffnung privater Verlagsunternehmungen ermöglichte. Dieses Dekret bestimmt, daß Verlage eigene Druckereien, Büros, Redaktions- und andere Zimmer, Lagerräume, Verkaufsstellen usw. besitzen oder von Privatbesitzern pachten können und berechtigt sind, „diejenigen Druckschriften zu Preisen, die sie selbst bestimmen, zu verkaufen, welche mit eigenen Mitteln und ohne staatlichen Zuschuß verlegt worden sind". Den Verlagen wurde gleichzeitig anheimgestellt, im Auslande Bücher, Bilder und andere Druckerzeugnisse herstellen zu lassen und nach Rußland einzuführen.

---

[1]) Anhang 5.

Schon in diesem Dekret wurde gleichzeitig mit der Zulassung privater Druckausgaben in vielfacher Hinsicht für die Möglichkeit ihrer Überwachung Sorge getragen. Es wurde erstens die Eröffnung eines Privatverlags von einer vorherigen Genehmigung, zweitens die Drucklegung jedes einzelnen Manuskripts von einer ausdrücklichen, nach strenger Vorzensur zu erteilenden Zulassung, drittens die Einfuhr jedes im Auslande hergestellten Druckwerkes von jedesmaliger Genehmigung abhängig gemacht. Mit der Ausführung dieser Kontrollmaßnahmen wurde der Staatsverlag betraut, der — wie bereits dargelegt — unmittelbar dem Volksaufklärungskommissariat untersteht und bis zur Schaffung der Glawlit Träger aller jener Obliegenheiten war, die später auf diese Instanz übergegangen sind. Das Dekret vom 12. Dezember 1921 enthält keine einzige nähere Bestimmung darüber, in welchen Fällen die Genehmigung eines Privatverlages zu erteilen ist, ebensowenig wie es genauere Richtlinien für die Handhabung der Zensur festlegt. Es bestimmt nur, daß die Erteilung der Genehmigungen zur Eröffnung eines Verlages und zur Drucklegung eines Manuskripts dem Staatsverlage bzw. seinen örtlichen Abteilungen „laut einer besonderen Instruktion des Volksaufklärungskommissariats" auferlegt wird, und daß jedes einzelne Manuskript vor der Insatzgabe von einer dieser Stellen „zum Druck genehmigt" werden muß, was auf jedem gedruckten Buch zu vermerken ist. § 10 des Dekrets bestimmt, daß alle ohne Genehmigung verlegten Bücher konfisziert und dem Staatsverlag zur Verfügung gestellt werden. Überdies wird der Verleger strafrechtlich verfolgt.

Von besonderer Bedeutung ist, daß das Monopolprinzip auch für die privaten Druckerzeugnisse nicht völlig aufgegeben wurde. Es taucht hier in der Form eines staatlichen Vorkaufsrechts wieder auf: Gemäß § 5 des Dekrets besitzt der Staatsverlag das Vorkaufsrecht für die gesamte Auflage oder einen Teil derselben von jeder in einem privaten Verlage erschienenen Druckschrift, wobei der Preis die festgelegten Großhandelspreise nicht überschreiten darf. Es ist also trotz der Durchbrechung des Monopolprinzips in die Macht des Staates gelegt, durch einfachen Ankauf ein privat gedrucktes und verlegtes Druckerzeugnis in vollem Umfang zu einem staatlichen zu machen.

Überdies hat sich der Sowjetstaat auch für sämtliche Lehrbücher und Lehrmittel das ausschließliche Monopol vorbehalten (Verordnung des Rats der Volkskommissare vom 16. August 1921 und § 13 des Dekrets vom 12. Dezember 1921), das allerdings durch ein Dekret vom 2. März 1923 etwas eingeschränkt wurde. In diesem Dekret (§ 2) wird bestimmt, daß der Staatsverlag allen anderen Verlagen gegenüber ein Vorrecht zur Herausgabe sämtlicher vom Staatlichen Gelehrtenkomitee zum Druck genehmigten Lehrmittel besitzt. Das bedeutet, daß private Verlage Lehrmittel nur dann verlegen dürfen, wenn der Staat auf sein Vorrecht verzichtet. Soweit in diesem sehr beschränkten Rahmen Privatpersonen und Genossenschaften überhaupt Lehrbücher herausgeben können, besteht für diese außer der allgemeinen Zensur durch die Glawlit noch eine besondere Zensur: In jedem einzelnen Falle muß eine ausdrückliche Genehmigung des Volksaufklärungskommissariats erteilt werden (Dekret vom 2. März 1922, § 1).

B. Die Glawlit.

a) Zusammensetzung und Aufgaben.

Der unübersichtliche und uneinheitliche Zustand, der durch das Nebeneinander von Monopol- und Privatpresse, durch das Fehlen konkreter Vorschriften über die Ausübung der Kontrolle und Zensur privater Druckerzeugnisse, durch die Überhäufung des Staatsverlags mit verschiedenartigsten Funktionen und Aufgaben entstanden war, erwies sich auf die Dauer als unhaltbar. So entschloß man sich, eine eigene Instanz zu schaffen, der man die bis dahin dem Staatsverlag obliegenden Aufgaben hinsichtlich der privaten Presse und zugleich zwecks weiterer Vereinheitlichung die staatliche Leitung der Monopolpresse übertrug. Diese Instanz ist die Glawlit, die Hauptverwaltung in Literatur- und Verlagsangelegenheiten, die durch ein Dekret des Rats der Volkskommissare vom 6. Juni 1922[1]) „zwecks Vereinheitlichung aller Zensurarten für Druckschriften" geschaffen wurde.

Dieses Dekret vom 6. Juni 1922 wird man mit all den Einschränkungen, die bei der Erläuterung des Wesens der sowjetrussischen Rechtsnormen gemacht worden sind, als **das eigentliche sowjetrussische Preßgesetz** ansprechen dürfen. Es wird in zahlreichen Punkten ergänzt und näher erläutert durch eine Reihe von Instruktionen, die die

---

[1]) Anhang 3.

Glawlit im Dezember 1922 für ihre örtlichen Abteilungen[1]) herausgegeben hat.

Die Glawlit ist bis zum heutigen Tage die höchste Überwachungs- und Zensurinstanz in Sowjetrußland. Sie setzt sich aus Vertretern der verschiedensten Ämter zusammen, u. a. auch aus Vertretern der Politischen Staatsverwaltung, der GPU[2]). Sie besteht aus einer Zentral- und zahlreichen örtlichen Abteilungen; jene ist wieder dem Volksaufklärungskommissariat, diese den Gouvernementabteilungen der Volksbildung unterstellt. An der Spitze der Glawlit steht ein durch das Kollegium des Volksaufklärungskommissariats ernannter Verwaltungsleiter, nebst zwei Beigeordneten, die durch das gleiche Kollegium nach Verständigung mit dem Revolutionären Kriegsrat der Republik und der Politischen Staatsverwaltung (GPU) ernannt werden. Die örtlichen Abteilungen der Glawlit werden in größeren Städten nach dem Muster der Zentrale organisiert; in kleineren Städten ernennt die Gouvernementabteilung der Volksbildung mit Zustimmung der Glawlit einen Zensor. Wie wichtig, mannigfach und kompliziert die Funktionen dieser Institution sind, kann man daraus ersehen, daß in Moskau im Jahre 1925 die Zahl der Glawlit-Angestellten 110 Personen betrug[3]).

Der Aufgabenkreis der Glawlit und ihrer örtlichen Abteilungen wird in § 2 des Glawlitdekrets folgendermaßen festgelegt:

1. Vorzensur aller zur Veröffentlichung und Verbreitung bestimmten Manuskripte und Druckschriften, periodischen und nicht periodischen Schriften, Photographien, Zeichnungen, Karten usw.
2. Erteilung des Verlagsrechts für einzelne Schriften, sowie für periodische und nicht periodische Druckschriften.
3. Zusammenstellung von Listen der für den Verkauf und die Verbreitung verbotenen Druckschriften.

---

[1]) Anhang 4.

[2]) Siehe Jelistratow, „Administratiwnoje prawo RSFSR — Das administrative Recht der RSFSR", Leningrad 1925, Staatsverlag, S. 119 ff.

[3]) „Enziklopedija gossudarstwa i prawa — Enzyklopädie des Staates und des Rechts", II., S. 1209 ff.

4. Herausgabe von Regeln, Verordnungen und Instruktionen in Preßangelegenheiten, die für sämtliche Preßorgane, Verlage, Druckereien, Leihbibliotheken und Buchhandlungen obligatorisch sind.

Etwas abweichend von diesem Plan sind die Aufgaben der Glawlit in den erwähnten Instruktionen an die örtlichen Abteilungen folgendermaßen bestimmt:

1. Die Glawlit und ihre örtlichen Abteilungen verwirklichen alle Zensurarten (Kriegszensur, politische, ideologische Zensur usw.).
2. Die Glawlit erledigt die Vorzensur sämtlicher zur Veröffentlichung und Verbreitung bestimmten Manuskripte und Druckschriften, periodischen und nicht periodischen Schriften, Photoaufnahmen, Zeichnungen usw. (das gilt sowohl für die in Rußland erscheinenden, wie für die aus dem Ausland eingeführten Erzeugnisse).
3. Sie erteilt die Genehmigung zum Verlagsrecht einzelner Werke, periodischer und nicht periodischer Druckschriften, sowie zum Begründungsrecht neuer Verlage.
4. Sie stellt Listen der für den Verkauf und die Verbreitung verbotenen Druckschriften (sowohl für einheimische wie für ausländische Literatur) zusammen.
5. Sie gibt Regeln, Verordnungen und Instruktionen in Presseangelegenheiten heraus, die für sämtliche Presseorgane, Verlage, Druckereien, Leihbibliotheken und Buchhandlungen obligatorisch sind.

b) Die Glawlitzensur.

Die Hauptaufgabe der Glawlit ist demnach die Ausübung der Druckschriftenzensur, die in Form einer vollständigen Vorzensur alle Druckerzeugnisse betrifft. Nach der allerdings nicht erschöpfenden Aufzählung des § 2a des Glawlitdekrets unterliegen ihr alle zur Veröffentlichung und Verbreitung bestimmten Manuskripte und Druckschriften, periodischen und nicht periodischen Schriften, Photographien, Zeichnungen und Karten. Durch die Instruktionen wird noch hinzugefügt, daß für ausländische Druckschriften das gleiche wie für inländische gilt. Ausgenommen von der Zensur sind nach § 4 des Glawlitdekrets nur:

a) Druckerzeugnisse der kommunistischen Internationale, des Zentralkomitees der Kommunistischen Partei Rußlands, der Gouvernementkomitees der Kommunistischen Partei Rußlands;

b) die kommunistische Parteipresse im allgemeinen;

c) Druckerzeugnisse des Staatsverlages und des Hauptkomitees für politische Aufklärung;

d) die „Nachrichten des Allrussischen Zentral-Exekutivkomitees" („Iswestija");

e) wissenschaftliche Werke der Akademie der Wissenschaft.

In dem Maße, in dem für diese Gruppen von Druckerzeugnissen die Zensur aufgehoben ist — und zu dieser Kategorie gehört praktisch die gesamte politische Tages- und Nachrichtenpresse, für die das Monopolprinzip uneingeschränkt fortbesteht —, tritt an ihre Stelle das bereits geschilderte lückenlose System der ideologischen Leitung und Überwachung, das gleichfalls in der Glawlit zentralisiert ist. Wenn in § 1 der Glawlitinstruktion von der „ideologischen Zensur" als einer der verschiedenen Zensurarten die Rede ist, so ist damit nichts anderes als diese ideologische Überwachung der monopolisierten Presse gemeint. Immerhin wäre es unrichtig, wollte man auch bei den durch das Glawlitdekret als „zensurfrei" bezeichneten Kategorien von Druckschriften von einer völligen Zensurfreiheit sprechen. Abgesehen von der zensurähnlichen ideologischen Überwachung muß gerade hier berücksichtigt werden, daß dem Sowjetstaat die obligatorische Veröffentlichung aller Gesetze fremd ist; neben den allgemein bekanntgegebenen Gesetzen gibt es einen Typus von unveröffentlichten Gesetzen[1]), indem einigen Organen der sowjetrussischen Gesetzgebung anheimgestellt wird, gewisse Gesetze als nicht zur Veröffentlichung bestimmt zu erklären[2]). Nicht materielle, sondern formelle Momente sind bei der Bestimmung dieser nicht zur Veröffentlichung bestimmten Gesetze maßgebend. Unter diesen Umständen ist es selbstverständlich schwer, wenn nicht unmöglich, über die Art und Weise der Zensurierung der „zensurfreien Druckerzeugnisse" zu urteilen.

---

[1]) Siehe Archipow, „Opublikowanije i wstuplenije w silu sowetskich sakonow — Veröffentlichung und Inkrafttreten der Sowjet-Gesetze" („Sowetskoje prawo — Das Sowjetrecht" 1926, Nr. 1), S. 14 ff.

[2]) Verordnung des Zentral-Exekutiv-Komitees und des Rats der Volkskommissare der UdSSR vom 22. August 1924. S. Gatzki,

Überaus verschiedenartig und mannigfaltig sind die Maßnahmen, die unter der gemeinsamen Bezeichnung „Zensur“ zusammengefaßt werden. Nach § 7 der Glawlitinstruktionen in Verbindung mit verschiedenen Bestimmungen des Glawlitdekrets und einzelner sonstiger Verordnungen läßt sich über die Art der verschiedenen Zensurmaßnahmen folgendes sagen:

a) Die Zensur besteht in dem Druckverbot solcher Nachrichten, die „nicht zur Veröffentlichung bestimmt sind“. Was darunter zu verstehen ist, erläutert § 3 des Glawlitdekrets, demzufolge die Verbreitung von Nachrichten verboten ist, die gegen die Sowjetmacht agitieren, Kriegsgeheimnisse der Republik enthüllen, die öffentliche Meinung durch Verbreitung falscher Tatsachen erregen, den nationalistischen und religiösen Fanatismus fördern oder pornographischer Natur sind[1]).

b) Die Zensur verbietet weiter solche Artikel, die eine ausgesprochen feindliche Tendenz gegenüber der Kommunistischen Partei und der Sowjetmacht haben.

c) Sie verbietet Druckschriften jeder Art, welche (bezüglich sozialer Probleme, Religion, Volkswirtschaft, nationaler Angelegenheiten, Kunst usw.) eine dem Sowjetregime in grundsätzlichen Fragen feindliche Ideologie unterstützen.

„Wstuplenije sakona w silu — Inkrafttreten des Gesetzes“ („Prawo i Schisn — Recht und Leben“, Moskau 1925, S. 9); Djablo, „Obnarodowanije, jego juriditscheskaja priroda i organisazija w sapadnoi Jewrope i w SSSR — Die Veröffentlichung, ihre rechtliche Natur und Organisation in Westeuropa und in der UdSSR“ („Sowetskoje prawo — Das Sowjetrecht“, Moskau 1925, Nr. 6), S. 48 ff.

[1]) Auch in einem Dekret des Rats der Volkskommissare der UdSSR vom 27. August 1926 ist eine Liste der Nachrichten enthalten, die nicht veröffentlicht werden dürfen. Es sind dies Nachrichten über Kriegsangelegenheiten, Wirtschaftsangelegenheiten, neue Erfindungen, technische Fortschritte, Ein- und Ausfuhr einzelner Warenarten, Verhandlungen und Verträge der UdSSR mit ausländischen Staaten und schließlich ganz allgemein „alle Maßnahmen und Handlungen der UdSSR auf dem Gebiete der Außenpolitik und des Außenhandels, soweit die Nachrichten nicht auf offiziellen Angaben beruhen.“ Diese Liste der Veröffentlichungsverbote ist also noch wesentlich umfangreicher als die im Glawlit-Dekret enthaltene. Die gleichen Zensurregeln sind für die Veröffentlichungen verschiedener Vereine und Gesellschaften festgelegt.

d) Sie verbietet Schundliteratur, Pornographie, gewissenlose Reklame usw.

e) Sie streicht aus den Artikeln besonders krasse Momente (Tatsachen, Zahlen, Charakteristiken), die die Sowjetmacht und die Kommunistische Partei kompromittieren.

Formell wird die Zensur in der Weise gehandhabt, daß sämtliche Presseorgane, mit Ausnahme der zensurfreien, verpflichtet sind, alle zum Druck bestimmten Manuskripte der Glawlit und ihren örtlichen Abteilungen zur Vorzensur vorzulegen. Die Glawlit prüft die Manuskripte und verbietet entweder, wenn Bedenken bestehen, ihre Drucklegung oder sie erteilt die Druckerlaubnis in Form eines Sichtvermerks, den alle in Sowjetrußland erscheinenden Druckschriften, wieder mit Ausnahme der zensurfreien, zu tragen haben.

Die eigentliche preßrechtliche Verantwortlichkeit ist somit auf die Zensurorgane übertragen. Von einer Verantwortlichkeit der an der Herstellung der Druckschrift Beteiligten ist weder in der Glawlitverordnung, noch in den Glawlitinstruktionen die Rede. Nur dafür, daß alle in ihren Druckereien hergestellten Werke den Sichtvermerk der Glawlit tragen, werden die Leiter der Druckanstalten und Fabrikverwaltungen haftbar gemacht. Sie haben sich strafrechtlich zu verantworten, wenn sie diese Pflicht nicht erfüllen. Welcher Art die Strafen sind, die in diesem Falle verhängt werden, ist in der Glawlitverordnung nicht gesagt.

Ein Zirkular der Glawlit (Nr. 1957) vom 19. Juni 1924 verfügt, daß alle Verlage einen „verantwortlichen Redakteur" anzugeben hätten, der nur eine von der Glawlit anerkannte Person sein kann. Durch ein weiteres Zirkular vom 19. Januar 1925 verordnete die Glawlit die unverzügliche Bekanntgabe „jeder Änderung der Adresse und Telephonnummer eines Verlages" und bedrohte die Nichtbekanntgabe mit der Folge des Verbots der betreffenden Druckschrift. Obwohl die in diesen Zirkularen getroffenen Bestimmungen eine gewisse Ähnlichkeit mit entsprechenden Vorschriften anderer Preßgesetze zur Sicherung der Strafverfolgung von Preßdelikten haben, wäre es falsch, aus ihnen auf das Vorhandensein einer eigentlichen preßrechtlichen Verantwortlichkeit im sowjetrussischen Preßrecht zu schließen. Beide Bestimmungen dienen lediglich rein formellen Zwecken.

Schließlich bestimmt § 12 des Glawlitdekrets, daß die Inhaber und Leiter der Druckanstalten verpflichtet sind, sofort nach der Druckbeendigung eines Werkes jeglicher Art fünf Exemplare den Zensurbehörden abzuliefern. Diese Ablieferungspflicht dient der Kontrolle über die Befolgung der von der Glawlit getroffenen Maßnahmen.

C. Sonstige Zensurarten.

Die Glawlit ist nicht die einzige Zensurbehörde in Sowjetrußland. Neben der von ihr ausgeübten Zensur, die vom Volksaufklärungskommissariat ausgeht, und der Kriegszensur, die die militärischen Behörden ausüben, gibt es eine Reihe besonderer Zensuranstalten, die sich mit besonderen Angelegenheiten befassen und zum größten Teil auf Gelegenheitsgesetzen beruhen. So weist ein Dekret des Zentral-Exekutivkomitees der UdSSR vom 27. Juni 1924 darauf hin, daß in der Presse Porträts und Abbildungen von Lenin erschienen seien, „welche mit ihm in vielen Fällen gar keine Ähnlichkeit haben". Da „die Verbreitung solcher Abbildungen die Gefahr schafft, daß sich weite Bevölkerungskreise eine verzerrte Vorstellung über W. I. Uljanow-Lenins Bild aneignen", verbietet das Dekret die Vervielfältigung, den Verkauf und die öffentliche Ausstellung der Abbildungen Lenins ohne die in jedem Fall erforderliche Genehmigung besonderer Ämter, welche in § 2 des Dekrets aufgezählt werden. Die Übertretung dieser Vorschrift wird strafrechtlich verfolgt.

Ein anderes Beispiel für derartige Sonderzensuren ist eine Verordnung des Zentralkomitees der Kommunistischen Partei[1]), in der bestimmt wird, daß die Veröffentlichung bisher unveröffentlicher Briefe und anderer Dokumente Lenins in Druckschriften nur durch das Lenin-Institut oder mit dessen Genehmigung erfolgen dürfe.

D. Zeitungsverbot und Beschlagnahme.

Die Befugnisse der Glawlit beschränken sich nicht auf die eigentlichen Zensuraufgaben; hinzu kommen mehrere Befugnisse, die sich gegen die Druckerzeugnisse und Verlage als solche richten und den Institutionen des Zeitungsverbots und

---

[1]) Veröffentlicht in der „Prawda" vom 4. April 1925.

der Beschlagnahme bis zu einem gewissen Grade ähneln. Gemäß § 8 der Instruktionen ist die Glawlit berechtigt, „die Herausgabe einzelner Druckschriften aufzuhalten, die Auflage zu reduzieren, die Verlage angesichts einer unzweifelhaft verbrecherischen Tätigkeit zu verbieten, und entweder ihre verantwortlichen Leiter den Gerichten oder die Angelegenheit einer örtlichen Abteilung der Politischen Staatsverwaltung zu übergeben". Die örtlichen Abteilungen sind in der Regel verpflichtet, sich mit einer Anfrage an die Zentralverwaltung zu wenden, falls ihnen das Verbot eines Verlages notwendig erscheint. Sie können jedoch auch selbständig vorgehen und den Verlag provisorisch verbieten, falls „die Notwendigkeit des Verbots äußerst dringend" ist, und brauchen dann nur die Zentralverwaltung zwecks Bestätigung ihrer Maßnahmen in Kenntnis zu setzen. Ein weiteres Mittel, den Verkauf und die Verbreitung von Druckschriften zu verbieten, sind die „Listen der verbotenen Bücher", die die Glawlit zusammenstellt (Dekret § 2c und Instruktionen § 5). Die Bekämpfung der Verbreitung von Werken, die von der Hauptverwaltung in Literatur- und Verlagsangelegenheiten nicht genehmigt sind, sowie die Beaufsichtigung der Druckereien, die Zollkontrolle, die Bekämpfung geheimer Druckerzeugnisse und deren Verbreitung, die Bekämpfung der Einführung von Literatur aus dem Auslande, deren Verbreitung innerhalb der RSFSR verboten ist, die Beaufsichtigung des Handels mit russischer und ausländischer Literatur, sowie schließlich die Beschlagnahme von Büchern, die von der Glawlit und ihren Abteilungen nicht genehmigt sind — entsprechend den von der Glawlit zusammengestellten Listen —, liegt in den Händen der GPU, der politischen Polizei. Durch § 9 der Instruktionen wird weiter bestimmt, daß die hier als „politische Kontrolle der politischen Staatsverwaltung" bezeichnete GPU die Glawlit bei der Überwachung der Verbreitung von Druckschriften, der Druckanstalten, des Buchhandels, der Einfuhr von Druckschriften aus dem Auslande und der Ausfuhr von Druckschriften aus Rußland mit ihrem ganzen technischen Apparat zu unterstützen hat.

5. Kapitel.

Überwachung der Druckereien und der Preßverbreitung.

A. Die zeitlichen Grenzen der Kontrolle.

Die Zuständigkeit der Glawlit hinsichtlich der Beaufsichtigung der Druckerzeugnisse beginnt, wie wir gesehen haben, in einem verhältnismäßig fortgeschrittenen Stadium der Entwicklung des Druckerzeugnisses, beim fertigen Manuskript, das von der Glawlit einer strengen Vorzensur unterzogen wird und nicht eher veröffentlicht werden darf, als bis es mit ihrem Sichtvermerk versehen ist. In ein früheres Stadium der Herstellung des Druckerzeugnisses greift die Glawlit nur insofern ein, als sie die — vom Staatsverlag auf sie übergegangene — Befugnis hat, die Genehmigung zur Eröffnung eines neuen Verlages zu erteilen. Die Beaufsichtigung der Herstellung von Druckerzeugnissen beschränkt sich jedoch durchaus nicht auf diese beiden Stadien. Sie setzt auf der einen Seite wesentlich früher ein und erstreckt sich auf der andern Seite auch auf die weitere Tätigkeit bis zur Verbreitung des Druckerzeugnisses. Ja, man kann sagen, daß die Herstellung eines Druckwerkes in Sowjetrußland in keinem einzigen Stadium ihrer Entwicklung unbeaufsichtigt und unkontrolliert vor sich geht.

Es ist wegen der bereits mehrfach hervorgehobenen Systemlosigkeit des sowjetrussischen Preßrechts schwer, die Befugnisse der verschiedenen Behörden und Instanzen hinsichtlich ihres Eingriffsrechts in die Herstellung von Druckschriften zeitlich streng voneinander zu trennen. Auch hier greift vieles ineinander über, die verschiedenen Befugnisse überkreuzen sich und sind durchaus nicht streng voneinander gesondert. Immerhin läßt sich vielleicht sagen, daß die Glawlit in erster Linie die Anfertigung der einzelnen Druckerzeugnisse und die Verlagstätigkeit als solche überwacht, während andere Behörden zur Überwachung der früheren und späteren Tätigkeiten bei der Herstellung von Druckerzeugnissen berufen sind.

B. Eröffnung und Überwachung drucktechnischer Unternehmungen.

Der Beginn dieser Kontrolle bezieht sich auf ein Stadium, in dem von einem eigentlichen Druckerzeugnis noch gar nicht die Rede sein kann. Doch entspricht es durchaus dem Geiste des sowjetrussischen Preßrechts, bereits die Herstellung und den Handel mit den Mitteln, die später zur Herstellung von Druckerzeugnissen dienen werden, zu beaufsichtigen und zu überwachen. Wer in Sowjetrußland Druckmaschinen, Schriften, Vervielfältigungs- und Schnelldruckapparate herstellt oder mit ihnen handelt, bedarf dazu der staatlichen Genehmigung und untersteht einer staatlichen Kontrolle. Dabei wird kein Unterschied gemacht zwischen staatlichen, kooperativen, gemeinschaftlichen oder privaten Unternehmungen. Es soll hier nicht untersucht werden, wie weit derartige Bestimmungen überhaupt noch zum Preßrecht im eigentlichen Sinne gehören; sicher ist nach dem Wortlaut und Sinn der betreffenden Bestimmungen, daß auch sie sich in erster Linie gegen die Möglichkeit einer späteren geistigen Einwirkung auf die Massen mit Hilfe der Maschinen und Gegenstände, deren Produktion und Handel überwacht wird, richten.

Eine Verordnung des Arbeits- und Verteidigungsrates (STO) vom 26. Juli 1922 enthielt erstmalig die Bestimmung, daß Privatpersonen oder Institutionen, welche ein Handels- oder Industrieunternehmen für Druckmaschinen und Schriften eröffnen wollen, verpflichtet sind, eine vorherige Genehmigung der Verwaltungsabteilung des zuständigen Gouvernement- oder Kreis-Exekutivkomitees zu erlangen (§ 3). Ferner wurde der Verkauf von derartigen Maschinen und Zubehörteilen von einer Genehmigung abhängig gemacht, die sich entweder generell auf den Besitz von drucktechnischen Einrichtungen oder auf den jedesmaligen Verkauf von Fall zu Fall zu beziehen hat (§ 4b). Gleichzeitig wurde bestimmt, daß alle zum An- und Verkauf von Druckmaschinen und Schriften berechtigten Unternehmungen strengstens Rechnung zu legen haben (§ 5). Diese Verordnung wurde später ergänzt durch eine Verordnung des Arbeits- und Verteidigungsrates vom 2. Dezember 1922[1]), und alle einschlägigen Bestimmungen schließlich in einer umfangreichen Instruktion des Volkskommissariats des Inneren Nr. 422 vom 11. November 1926[2]) zusammengefaßt, die sich nicht nur auf die Herstellung und den Handel mit drucktechnischen Maschinen, sondern auch auf die Druckunternehmungen selbst bezieht und die für diese geltenden Bestimmungen einer früheren Verord-

---

[1]) Anhang 10.

[2]) Anhang 11.

nung weitgehend ergänzt und ausgestaltet. Von den einzelnen Bestimmungen der im Anhang wiedergegebenen Instruktion über die Eröffnung drucktechnischer Industrieunternehmungen und deren Überwachung sollen hier nur die wesentlichsten erläutert werden.

Zuständig für die Erteilung der Genehmigung zur Eröffnung drucktechnischer Unternehmungen sind die administrativen Abteilungen und Kreisverwaltungen der Miliz. Die Genehmigung verliert ihre Gültigkeit, wenn das Unternehmen nicht binnen einem Jahr nach ihrer Erteilung in Betrieb gesetzt wird. Nur wer im Besitze einer solchen Genehmigung ist, erhält von der Finanzabteilung das zum Betriebe eines industriellen Unternehmens erforderliche Patent. Mit dem Antrag auf Erteilung der Genehmigung ist eine Reihe von Fragebogen abzugeben, die detaillierte Angaben enthalten müssen; so muß z. B. angegeben werden, wer der verantwortliche Leiter des Unternehmens ist. Auch über jede personelle Änderung der Leitung und Verwaltung des Unternehmens muß der für die Genehmigung zuständigen Behörde Mitteilung gemacht werden. Selbst die Übernahme eines bereits bestehenden drucktechnischen Unternehmens von einem anderen ist nur gestattet, wenn die Vereinigung oder die Privatperson, die das Unternehmen übernimmt, im Besitze einer entsprechenden Genehmigung ist.

Zu diesen Bestimmungen über die Eröffnung drucktechnischer Unternehmungen kommt eine Reihe von Vorschriften hinzu, die sich auf die Überwachung beziehen. Sie bestimmen u. a., daß über alle bereits vorhandenen, neu hergestellten, angekauften oder verkauften Maschinen, Schriften, Vervielfältigungs- und Schnelldruckapparate und deren Zubehörteile in besonderen, nach vorgeschriebenen Mustern eingerichteten Büchern Rechnung geführt werden muß (§ 6). Bei der Eintragung der neu bezogenen Maschinen usw. muß das Unternehmen, von dem sie bezogen wurden, im Buche angegeben werden. Bei Lieferung der Maschinen muß weiterhin die Nummer und das Datum der Genehmigung der administrativen Abteilung oder Kreisverwaltung der Miliz angegeben werden, auf Grund deren die Gegenstände verkauft worden sind. Alle sechs Monate muß der administrativen Abteilung oder Kreisverwaltung der Miliz ein Bericht über sämtliche hergestellten, gekauften oder verkauften Maschinen usw. vorgelegt werden. Die Kontrolle der Erfüllung aller dieser Vorschriften sowie die Kontrolle der Buchführung und rechtzeitigen Berichterstattung wird den administrativen Abteilungen und Kreisverwaltungen der Miliz auferlegt (§ 12). Überdies tragen die Personen, die sich einer Verletzung der Bestimmungen schuldig machen, die strafrechtliche Verantwortung nach § 225 des Strafgesetzbuches.

Alle diese Bestimmungen führen dazu, daß bereits die Herstellung, der Verkauf und der Erwerb aller zur Drucktätigkeit erforderlichen Maschinen und sonstigen Geräte einer strengen und lückenlosen Kontrolle unterliegt[1]).

Besondere Vorschriften gelten für den Handel mit Druckmaschinen usw. innerhalb des Moskauer Gouvernements auf Grund einer Verordnung des Moskauer Sowjets vom 3. März 1926. Diese Bestimmungen gehen insofern über die allgemeinen Vorschriften hinaus, als hier auch für diese Unternehmungen die Führung von Schnurbüchern vorgeschrieben ist, die sonst nur bei den eigentlichen Druckunternehmungen obligatorisch ist[2]). Für die Verletzung der Bestimmungen, die den Handel mit Druckmaschinen und die Erlangung der Genehmigung zum Erwerb und zur Benutzung von Vervielfältigungsapparaten regeln, ist eine Strafe von 100 Rubeln in Moskau und 50 Rubeln im Gouvernement als „administrative Geldstrafe" vorgesehen (§ 21).

C. Genehmigung und Überwachung von Druckereien.

Das nächste Stadium der Kontrolle bezieht sich auf die Drucktätigkeit selbst, wobei wieder zwischen der Genehmigung zur Eröffnung einer Druckerei — die sowjetrussischen Gesetze sprechen von „Druckunternehmungen" — und ihrer Überwachung zu unterscheiden ist. Maßgebend sind hier die Bestimmungen des Arbeits- und Verteidigungsrats vom 2. Dezember 1922 und die bereits erwähnte Instruktion des Volkskommissariats des Innern Nr. 422 vom 11. November 1926. Nach diesen Verordnungen ist die Eröffnung jedes Druckunternehmens — das Gesetz nennt ausdrücklich typographische, lithographische und metallographische Anstalten —, einerlei,

---

[1]) Siehe Jelistratow, „Administratiwnoje prawo RSFSR — Das administrative Recht der RSFSR", S. 123 ff., Leningrad 1925, Staatsverlag.

[2]) Vgl. unten S. 37.

ob es sich um eine staatliche Institution, eine kooperative oder gesellschaftliche Organisation oder um ein Privatunternehmen handelt, von einer vorherigen Genehmigung abhängig, für deren Erteilung die Verwaltungsabteilungen der Gouvernement- und Kreis-Exekutivkomitees zuständig sind. Jeder Genehmigung liegt ein Beschluß des Gouvernement-Volkswirtschaftsrats zugrunde. Wieder müssen zugleich mit dem Antrag mehrere Fragebogen mit genauen Angaben über die Inhaber und Verwalter des Unternehmens vorgelegt werden; die Genehmigung verliert auch hier ihre Gültigkeit, wenn nach Ablauf eines Jahres das Unternehmen nicht in Betrieb gesetzt ist; überdies ist ihre Gültigkeit auf ein Jahr beschränkt. Besondere Bestimmungen gelten für die Übernahme und Vererbung von Druckunternehmen, wobei hervorzuheben ist, daß die Berechtigung zur Eröffnung und Betreibung einer Druckanstalt nicht vererblich ist (§ 5)[1]. Abweichend von den Vorschriften, die für drucktechnische Unternehmungen gelten, müssen die Druckereien auch genaue Angaben über den Umfang und die Art des Unternehmens machen; ebenso muß von jeder Änderung des Umfangs der Einrichtungen der Druckerei binnen einem Monat die Verwaltungsabteilung und der Gouvernement-Volkswirtschaftsrat in Kenntnis gesetzt werden.

Für die Überwachung der Druckereien ist eine besondere Einrichtung, das sogenannte Schnurbuch geschaffen. Über diese eigenartige Institution des sowjetrussischen Preßrechts bestimmt die Verordnung vom 19. Dezember 1922: „Jedes Druckunternehmen, auch ein staatliches, hat ein Schnurbuch zu besitzen, dessen Bogen von der Verwaltungsabteilung geschnürt werden; in dieses Buch müssen sämtliche zum Druck bestimmten Werke mit Angabe des Auftraggebers, der Zahl der Exemplare, des Druckformats und der Angabe darüber, ob eine Genehmigung der Zensur vorliegt oder nicht nötig ist, eingetragen werden. Die Prüfung der im Schnurbuch vollzogenen Eintragungen und der Vergleich derselben mit den tatsächlich vollbrachten und laufenden Arbeiten wird von Vertretern der Verwaltungsabteilung erledigt, kann aber auch von Vertretern des Gouvernement-Volkswirtschaftsrates erledigt werden." Ähn-

---

[1]) Siehe Kobalewski, „Otscherki sowetskogo administratiwnogo prawa — Skizzen des sowjetrussischen administrativen Rechts", S. 229, Charkow 1924, Staatsverlag.

lich lauten die entsprechenden Vorschriften der Instruktion vom 11. November 1926. Das Schnurbuch dient demnach keinem anderen Zweck als der Erleichterung der staatlichen Kontrolle über die Tätigkeit aller, auch der staatlichen Druckereien. Die Besitzer und Leiter müssen in das Buch sämtliche zum Druck bestimmten Werke eintragen, auf keinem Bogen darf der Stempel und die Unterschrift der administrativen Abteilung des örtlichen Sowjets oder der Miliz fehlen. Diese Kontrollart kennt keine Einschränkung, nicht einmal für Druckarbeiten ganz privater Natur. Sogar persönliche Druckaufträge, z. B. für die Herstellung von Plakaten wie „Eingang", „Rauchen verboten!" usw., für Visitenkarten und Briefbogen unterliegen auf diese Weise der Kontrolle der Administrative. Vertreter der GPU, der administrativen Abteilung des örtlichen Sowjets oder der Miliz haben ständig die Übereinstimmung der im Buche eingetragenen Aufträge mit den tatsächlichen Druckarbeiten zu prüfen. Die Besitzer oder die Leiter der Druckanstalten sind persönlich dafür verantwortlich, daß kein einziger Bogen in Druck geht, der nicht in dieses Schnurbuch eingetragen ist[1]).

D. Kontrolle des Handels mit Druckerzeugnissen.

Wie die Kontrolle der gesamten, der Herstellung von Druckerzeugnissen dienenden Tätigkeit beginnt, ehe noch von der Existenz eines Druckwerks die Rede sein kann, so erstreckt sie sich auch auf alle Funktionen, die nach der Fertigstellung des Druckwerks in Frage kommen, also vor allem auf die Verbreitung und den Handel mit Druckschriften. An sich besteht auch auf diesem Gebiete ein unumschränktes Monopol des Staates. Er allein ist berechtigt, Druckerzeugnisse zu verbreiten und mit Druckschriften zu handeln. Nur in einem Punkt ist dieses Monopol zugunsten der privaten Tätigkeit durchbrochen: in Gouvernement- und Kreisstädten ist auch Privatpersonen der Handel mit Druckerzeugnissen erlaubt, während auf dem Lande dieses

---

[1]) Es sei an dieser Stelle erwähnt, daß die Bestimmungen über die administrativen Abteilungen der Gouvernement- und Kreis-Exekutiv-Komitees vom 11. August 1924 (Abt. I, § 2, Abs. 6) von jeder juristischen Person die obligatorische Erlangung einer besonderen Genehmigung der administrativen Abteilung des Gouvernementrates für das Recht, ein Siegel oder einen Stempel zu führen, verlangen.

Recht ausschließlich dem Staate gehört, der es durch seine lokalen Ämter ausübt[1]).

Für die Erlangung der Genehmigung für den Handel mit Druckerzeugnissen durch Privatpersonen ist durch ein Dekret des Rats der Volkskommissare vom 28. November 1921 und die Instruktion des Volkskommissars des Inneren und des Volksaufklärungskommissars vom 27. März 1922 eine komplizierte Ordnung festgesetzt. Trotzdem ist die Erteilung dieser Genehmigungen vollständig willkürlich, ohne jede Begründung können sie Privatpersonen verweigert oder entzogen werden. Eine besondere Verordnung regelt die Erlangung der Genehmigung zum Buchhandel in Moskau (Verordnung des Präsidiums des Moskauer Sowjets vom 8. März 1927).

Die Regelung der Presseverbreitung ist so streng, daß sie mitunter zu unfreiwillig grotesken Folgen führt. So mußte durch ein besonderes Zirkular des Volkskommissars des Innern vom 21. Februar 1921 ausdrücklich verfügt werden, daß die Briefträger, die Druckerzeugnisse „von Amts wegen" verbreiten, nicht verpflichtet seien, die Genehmigungen zu besitzen, welche im allgemeinen für die Verbreitung von Druckerzeugnissen erforderlich sind.

6. Kapitel.

Die wirtschaftliche Lage der Zeitungen in Sowjetrußland.

A. Entgeltlichkeit der Zeitungen.

Die Beaufsichtigung des Druck- und Zeitungswesens in Sowjetrußland beschränkt sich nicht auf die Gestaltung des geistigen Inhalts der Druckschriften, sondern greift auch in die wirtschaftlichen Verhältnisse der Zeitungsunternehmungen ein und regelt sie in erschöpfender Weise. Auch in dieser Hinsicht hat sich durch die Zulassung privater Verlage seit der Einführung der Nep Entscheidendes geändert. Vor allem ist erst durch die Nep die generelle Bezahlung der Zeitungen eingeführt worden, während

[1]) § 1 der Instruktionen des Volkskommissars des Innern und des Volksaufklärungskommissars vom 27. März 1922: „Der Handel mit Druckerzeugnissen in Dörfern ist Privatpersonen untersagt und nur Institutionen des Volksaufklärungskommissariats und Genossenschaften gestattet".

vorher, besonders in der Zeit des Kriegskommunismus, die Zeitungen geraume Zeit hindurch nicht gegen Entgelt abgegeben werden durften. Erst durch ein Dekret des Rats der Volkskommissare vom 28. November 1921 wurde bestimmt, daß alle Zeitungen ab 15. Dezember 1921 zu bezahlen seien. Diese Frist wurde dann durch ein Dekret vom 14. Dezember 1921 bis zum 1. Januar 1922 verlängert. § 2 dieses Dekrets lautete: „Zeitungen müssen von Privatpersonen, gesellschaftlichen Institutionen und Organisationen sowie von staatlichen Institutionen und Unternehmungen ohne Ausnahme bezahlt werden." § 7 des Dekrets bestimmte, daß „ein gewisser Prozentsatz der Auflage von Zeitungen auf Kosten des Volksaufklärungskommissariats in Fabriken, Werkstätten, an den Stadt- und Dorfstraßen aufzukleben" sei.

B. Die Ablieferungspflicht.

Das Prinzip der Entgeltlichkeit erleidet allerdings eine starke Einschränkung durch die verschiedenen gesetzlich festgelegten Ablieferungspflichten, die im sowjetrussischen Zeitungswesen eine außerordentliche Rolle spielen. Daß der Staat überhaupt ein Vorkaufsrecht für die gesamte Druckauflage jeder Druckschrift besitzt, wurde bereits früher bei der Besprechung des Preßmonopols hervorgehoben[1]). Gleichzeitig mit der Zulassung privater Druckausgaben durch das Dekret vom 12. Dezember 1921 wurde ferner bestimmt, daß jeder Privatverlag verpflichtet ist, ein Prozent der Druckauflage, mindestens jedoch zehn Exemplare der Gesamtauflage an dasjenige Amt unentgeltlich abzuliefern, das die Genehmigung erteilt hat. Durch ein Zirkular der Glawlit vom 18. Januar 1923 wurde die Verteilung dieser Pflichtexemplare an die verschiedenen staatlichen Institutionen geregelt. Unabhängig davon sind weitere Pflichtexemplare an die Zentralbücherkammer abzugeben, die 1924 als Aufbewahrungsstelle aller in Rußland erscheinenden Druckerzeugnisse geschaffen wurde[2]). Ihre Funktionen, Befugnisse und Organe sind durch ein ausführliches Dekret vom 14. August 1924 geregelt[3]). Nach einem weiteren Dekret vom 21. November 1924 sind alle Druckanstalten verpflichtet, sämtliche bei ihnen ge-

---

[1]) Vgl. oben S. 24.

[2]) Dekret des Rats der Volkskommissare über die Privatverlage vom 12. Dezember 1921, § 12 Bemerkung. Anhang 5.

[3]) Anhang 6.

druckten Schriften, Bücher und Zeitschriften in 31 Exemplaren, die Moskauer und Leningrader Zeitungen in 15 Exemplaren einzusenden. Damit ist jedoch die Ablieferungspflicht noch lange nicht erschöpft. Eine ganze Reihe von Dekreten bestimmen die Zahl der obligatorischen Exemplare, die anderen Bibliotheken, z. B. der staatlichen Zentralbibliothek in Dnjepropetrofsk (Dekret vom 10. November 1926), dem Rumjanzew-Museum (Dekret vom 4. Januar 1922) und anderen Volksbildungsinstituten abgeliefert werden müssen.

Die Kontrolle über die Erfüllung der Ablieferungspflicht liegt in den Händen der russischen Zentralbücherkammer und der Bücherkammern der verbündeten Republiken (Bestimmungen über die russische Zentralbücherkammer vom 14. August 1924 § 4). Die gleichen Instanzen sind auch zur strafrechtlichen Verfolgung aller Druckunternehmungen befugt, falls diese gegen die Dekrete und Verordnungen über die Ablieferung der Pflichtexemplare verstoßen[1]).

C. Satzung der Zeitungsverlage.

In Verbindung mit der Nep wurden durch ein Dekret vom 24. Januar 1922 sämtliche Zeitungsunternehmungen vom 1. Januar 1922 an auf die Grundlage wirtschaftlicher Kalkulation gestellt. § 3 dieses Dekrets lautet: „Die bei Herausgabe periodischer Druckschriften entstehenden Verluste werden durch die vom Volkskommissariat des Innern den örtlichen Exekutivkomitees zur Verfügung gestellten besonderen Zuschüsse auf Antrag der Verwaltung des Verlags gedeckt, und zwar gemäß einer besonderen Instruktion, die das Volkskommissariat des Innern im Einverständnis mit dem Hauptkomitee für politische Aufklärung auszuarbeiten hat." Tatsächlich hat sich die Umstellung der Zeitungsunternehmungen auf die Grundlage wirtschaftlicher Kalkulation sehr langsam vollzogen, so daß noch durch eine Verordnung des Rats der Volkskommissare vom 8. Juli 1925 bestimmt werden mußte, daß alle bis dahin noch nicht auf die Grundlage wirtschaftlicher Kalkulation gestellten Verlagsunternehmungen „binnen drei Monaten, von der Veröffentlichung der Verordnung gerechnet, auf die Grundlage wirtschaftlicher Kalkulation gestellt" werden sollen.

---

[1]) Anderen Zwecken dient die bereits erwähnte Pflicht, sofort nach der Beendigung des Drucks 5 Exemplare an die Zensurinstitutionen abzuliefern. Vgl. oben S. 31.

Besondere Bestimmungen gelten nach einem Dekret des Zentral-Exekutivkomitees der UdSSR vom 6. Juni 1926[1]) für die Herausgabe der Moskauer „Nachrichten des Zentral-Exekutivkomitees der UdSSR und des Allrussischen Zentral-Exekutivkomitees (Iswestija)". § 3 dieses Dekrets lautet: „Der Verlag der ‚Iswestija' ist ein staatliches Unternehmen, das nach den Grundsätzen wirtschaftlicher Kalkulation arbeitet, ohne den Zweck eines kaufmännischen Vorteils zu verfolgen."

7. Kapitel.

Die Rechtslage der Journalisten.

Die Monopolisierung des Zeitungswesens in Sowjetrußland hat für die tatsächliche und rechtliche Lage der Journalisten Bedingungen geschaffen, die von denen in anderen Ländern grundverschieden sind. Die Journalistik ist in Sowjetrußland Staatsdienst, der Journalist ist Staatsbeamter. Was in anderen Ländern freier vertraglicher Vereinbarung oder der Regelung durch Tarifverträge überlassen ist, regelt in Sowjetrußland der Staat.

Das gilt zunächst von der Honorierung der journalistischen Tätigkeit, die durch staatlichen Tarif[2]) bis in alle Einzelheiten hinein festgesetzt ist. Dieser Tarif, der wohl das eigenartigste ist, was je auf dem Gebiete des Journalistenrechts geschaffen wurde, gibt Definitionen der ständigen und gelegentlichen Mitarbeiter, schafft eine eigene Nomenklatur der verschiedenen Ämter: verantwortlicher Redakteur, Mitglied des Redaktionskollegiums, Vertreter des verantwortlichen Redakteurs, Redaktionsverwalter, Redaktionssekretär, Vertreter des Redaktionssekretärs, Nachtredakteur, Leiter der Grundabteilungen, Leiter der kleineren Abteilungen, ständiger Leitartikelverfasser, ständiger Feuilletonist usw. usw. In diesem Tarif wird z. B. bestimmt, daß bei Festsetzung der Zeilensätze die normale Zeitungszeile mit 35 Druckzeichen, der normale Druckbogen mit 40 000 Druckzeichen gerechnet wird; daß bei Sonderaufträgen zwecks Berichterstattung nur die geleistete literarische Arbeit zu bezahlen ist; daß, falls ein nach auswärts entsandter Mitarbeiter ohne sein Verschulden die verlangten Berichte oder

---

[1]) Anhang 8.

[2]) Anhang 12.

Informationen nicht liefern kann, die Hälfte des bestellten Materials bezahlt werden muß; daß bestelltes und rechtzeitig abgeliefertes Material, falls es von der Redaktion nicht verwendet wird, zur Hälfte bezahlt werden muß; daß angenommenes, aber nicht veröffentlichtes Material voll bezahlt werden muß. Abgesehen davon ist z. B. auch die Arbeitszeit der Journalisten durch besondere Bestimmungen ausdrücklich geregelt[1]).

Eine besondere Einrichtung des sowjetrussischen Staatsjournalismus sind die Arbeiter- und Bauernkorrespondenten, die berufen sind, Mißstände im öffentlichen Leben aufzudecken und der Presse zwecks Veröffentlichung mitzuteilen. Durch zahlreiche gesetzgeberische Akte werden diese Arbeiter- und Bauernkorrespondenten in ihrer Tätigkeit staatlichen und polizeilichen Kontrollbeamten gleichgestellt. So schreibt z. B. das Zirkular des Volksjustizkommissariats vom 25. April 1924 der Staatsanwaltschaft unter Bezugnahme auf § 78 der Bestimmungen über die Prozeßordnung vor, daß die Resultate einer auf Grund von Zeitungsinformationen unternommenen Untersuchung „der Redaktion der Zeitung, die die entsprechende Mitteilung brachte, bekanntgegeben werden müssen“. Ferner bestimmt ein Zirkular des Volkskommissariats des Innern vom 28. Februar 1925[2]) näheres über „die Ordnung bei der Einsendung und Prüfung von Briefen und Aufsätzen der Arbeiter- und Bauern-Berichterstatter“; das Zirkular weist darauf hin, daß die Briefe und Aufsätze der Arbeiter- und Bauern-Berichterstatter nach den gleichen Grundsätzen zu prüfen seien, wie die Klagen über die Tätigkeit der Verwaltungsämter und -beamten. Weiter bestimmt dieses Zirkular, daß die Zeitungsberichterstatter ihre Aufsätze den Administrationsabteilungen der Exekutivkomitees einzusenden haben, und daß das Amt, welches „als erstes den Brief oder den Aufsatz erhalten hat, die notwendigen Anfragen macht und die Auskünfte einholt oder deren Kopien anfertigt, ohne den Verfasser zu nennen und lediglich unter Bezugnahme auf den Inhalt des Briefes oder Aufsatzes“.

---

[1]) Vgl. „Deistwujustscheje sakonodatelstwo o petschati — Das geltende Preßrecht“, systematische Sammlung, herausgegeben von L. G. Fogelewitsch, Syndikus des Komitees für Preßangelegenheiten, Juristischer Verlag des Volks-Justizkommissariats der RSFSR, Moskau 1927, S. 178 ff.

[2]) Anhang 13. I.

Bezüglich der Arbeiter- und Bauern-Berichterstatter ist wegen der polizeilichen Befugnisse dieser Staatsjournalisten das Prinzip des Redaktionsgeheimnisses aufs strengste durchgeführt. § 3 des Zirkulars vom 28. Februar 1925 bestimmt, daß „Personen, die sich der Preisgabe der Namen von Arbeiter- und Bauern-Berichterstattern schuldig gemacht haben, gemäß §§ 96 und 121 des Strafgesetzbuches vom Jahre 1926 verantwortlich" seien. Ein anderes Zirkular des Höheren Gerichts der RSFSR vom 31. Januar 1925[1]) stellt die Preisgabe der Namen von Berichterstattern durch Zeitungen oder Amtspersonen der „Verbreitung geheimzuhaltender Angaben über ein gerichtliches Ermittlungsverfahren und eine gerichtliche Voruntersuchung oder anderer geheimzuhaltender Nachrichten" gleich.

Auch für die Untersuchung der von den Berichterstattern aufgedeckten Mißstände gelten zahlreiche strenge Bestimmungen. Typisch ist ein Zirkular des Volkskommissariats des Innern vom 25. Mai 1925, in dem auf Fälle hingewiesen wird, in denen die Ermittlungen auf Grund der Briefe und Aufsätze der Bauern- und Arbeiter-Berichterstatter später als binnen Monatsfrist durchgeführt worden sind. Das Zirkular verlangt schnellere Durchführung dieser Ermittlungen. Ein anderes Zirkular des Volks-Justizkommissariats vom 28. August 1925 schreibt eine qualifizierte strafrechtliche Verantwortung für die Mitglieder der örtlichen Verwaltungsämter vor, welche sich der Unterschlagung oder Vernichtung von Briefen der Arbeiter- und Bauernkorrespondenten schuldig gemacht haben.

Diese polizeiähnlichen Funktionen der Arbeiter- und Bauern-Berichterstatter haben dazu geführt, daß ihnen die Bevölkerung besonders in den Provinzen mit größter Abneigung gegenübersteht. Dadurch wurde die sowjetrussische Gesetzgebung gezwungen, für Attentate auf Arbeiter- und Bauern-Berichterstatter besondere Bestimmungen zu schaffen, aus denen wieder deutlich die öffentlich-rechtliche Funktion dieser Staatsjournalisten hervorgeht. Ein Zirkular des Volks-Justizkommissariats vom 11. November 1924[2]) lautet: „Gehört der Berichterstatter zu einer Arbeiter- oder Bauernorganisation, z. B. zum Komintern, zur Kommunistischen Partei, zu einem Gewerkschaftsbund, zu einem Organ der Sowjets, zu einem Bauernhilfs-

---

[1]) Anhang 13. II.

[2]) Anhang 14.

komitee usw. und hat die Ermordung bzw. ihre Vorbereitung infolge konterrevolutionärer Bestrebungen stattgefunden, so ist das Verbrechen nach § 64 des Strafgesetzbuches zu ahnden." Ein weiteres Zirkular des Volks-Justizkommissariats vom 20. Januar 1925 bestimmt, daß über alle Fälle von Ermordung, Mißhandlung und anderen an Arbeiter- und Bauern-Berichterstatter verübten Gewalttaten der Staatsanwaltschaftsabteilung des Volks-Justizkommissariats unverzüglich Bericht zu erstatten ist. Schließlich ist ein Zirkular des Volks-Justizkommissariats vom 6. Januar 1926 zu erwähnen, das erneut ausführliche Vorschriften über die auf Grund von Mitteilungen der Arbeiter- und Bauern-Berichterstatter geführten Untersuchungen enthält und wieder betont, daß die Ermordung eines Arbeiter-Berichterstatters schwerer zu ahnden ist, wenn sie in Verbindung mit dessen Tätigkeit als Berichterstatter erfolgte.

8. Kapitel.

Das Preßstrafrecht.

Es mag sehr zweifelhaft erscheinen, ob in dem bisher geschilderten Bau des sowjetrussischen Preßrechts, das im Grunde nichts anderes ist als eine ziemlich systemlos aneinandergereihte Fülle von administrativen Vorschriften über die Beaufsichtigung und Kontrolle der Presse, überhaupt für ein eigentliches Preßstrafrecht im Sinne anderer Preßgesetze Raum ist. Denn man sieht bei so strenger und lückenlos gestalteter Überwachung und Kontrolle von der Herstellung einer Druck- oder Vervielfältigungsmaschine an bis zur Verbreitung des Druckerzeugnisses kaum eine Möglichkeit, wie und wo noch durch den Inhalt der Druckschrift eine strafbare Handlung begangen werden könnte. Wo wir bisher Strafvorschriften begegneten, handelte es sich regelmäßig um Bestimmungen, die der Erzwingung einer Ordnungsvorschrift dienten, wie z. B. bei der Vorschrift der Glawlit-Instruktion, daß strafrechtlich verfolgt wird, wer ein Buch verlegt, ohne die Glawlitgenehmigung eingeholt zu haben, oder bei § 12 der Instruktionen über die Eröffnung von drucktechnischen Unternehmungen, der eine strafrechtliche Verantwortlichkeit gemäß § 225 des Strafgesetzbuches für die Personen normiert, die sich eine Verletzung der Bestimmungen über den Erwerb und die Verwendung von Druckmaschinen zuschulden kommen lassen.

Immerhin ist bereits an anderer Stelle hervorgehoben worden, daß ein Zirkular der Glawlit vom 19. Juni 1924 alle Verlage verpflichtet, einen „verantwortlichen Redakteur" anzugeben, der von der Glawlit anerkannt sein muß, woraus sich offensichtlich die Möglichkeit einer strafrechtlichen Verfolgung von Preßdelikten ergibt[1]). Und auch das sowjetrussische Strafgesetzbuch vom Jahre 1926 enthält eine ganze Reihe einschlägiger Strafbestimmungen[2]). So wird in § 58 mit „Freiheitsverlust nicht unter 6 Monaten" bedroht, wer zu konterrevolutionären Zwecken falsche Gerüchte und ungeprüfte Nachrichten verbreitet, welche geeignet sind, eine Panik in der Öffentlichkeit hervorzurufen, Mißtrauen gegen die Staatsgewalt zu erregen oder dieselbe zu diskreditieren; mit Freiheitsverlust nicht unter 6 Monaten wird die Anfertigung, Aufbewahrung zum Zwecke der Verbreitung und die Verbreitung von Druckwerken, welche zur Begehung von Verbrechen auffordern, bedroht. Auch Veröffentlichungsverbote sind im Strafgesetzbuch enthalten, wie z. B. in § 96, der die Veröffentlichung von Angaben aus einer Voruntersuchung, einem Ermittlungsverfahren oder einer Revisionskontrolle ohne Genehmigung des Staatsanwalts, Untersuchungsrichters oder der Amtsperson, welche mit der Ermittlung oder Revision beschäftigt war, unter Strafe stellt. Auch gegen Beleidigung, Verleumdung usw. sind Strafbestimmungen im Strafgesetzbuch enthalten.

Es sind also höchstens Ansätze zu einem Preßstrafrecht im engeren Sinne vorhanden; doch tritt die Möglichkeit, Preßdelikte gerichtlich zu verfolgen, völlig zurück hinter der administrativen Repressalie, die in jedem Falle Platz greifen kann und in der Praxis die gerichtliche Verfolgung von Preßdelikten tatsächlich verdrängt. Dieser Dualismus zwischen gerichtlicher und außergerichtlicher Verfolgung kommt nirgends so deutlich zum Ausdruck, wie in der bereits zitierten Bestimmung der Glawlitinstruktionen vom 2. Dezember 1922 (§ 8), in der es heißt: „Die Glawlit ist berechtigt, die Herausgabe einzelner Druckschriften aufzuhalten, die Auflagen zu reduzieren, die Verlage angesichts einer unzweifelhaft verbrecherischen Tätigkeit zu verbieten und entweder ihre verantwortlichen Leiter dem Gericht oder die Angelegenheit einer örtlichen Abteilung der

[1]) Vgl. oben S. 30.

[2]) Anhang 15.

G P U z u ü b e r g e b e n." Die Gesetzgebung stellt somit einer administrativen Institution die Wahl zwischen einer gerichtlichen und einer außergerichtlichen Repressalie. Die Regel ist zweifellos die zweite Methode, so daß ein offizieller Kommentator des Sowjetrechts folgendes erklären kann[1]): „Was Preßdelikte im engeren Sinne betrifft, beschränkt sich das Sowjetstrafrecht auf § 185 des Strafgesetzbuches vom Jahre 1926, demzufolge die Verletzung der für die Vervielfältigung und Herausgabe von Druckschriften festgesetzten Regeln . . . Zwangsarbeit für die Zeit bis zu drei Monaten oder Geldstrafe bis 300 Rubel zur Folge hat, außerdem auf § 96 über die ungesetzmäßige Veröffentlichung der Daten einer Voruntersuchung, Ermittlung oder Revisionskontrolle. Die Sowjetgesetzgebung kennt somit für Preßdelikte keinerlei Ausnahmen von den allgemeinen Grundsätzen ihres Strafrechts und Strafprozeßrechts."

Es wird also nicht die Verletzung einer bestimmten Strafvorschrift durch die Gestaltung des geistigen Inhalts der Druckschrift durch besondere preßstrafrechtliche Vorschriften geahndet, sondern nur die Verletzung der für die Ordnung der Druckschriften erlassenen Bestimmungen. Demgemäß ist die GPU die berufene Instanz zur Verfolgung und Bestrafung dieser Delikte. Sie verfügt über unbeschränkte Vollmachten, die ihr Strafbefugnisse von einfacher Verhaftung bis zur Todesstrafe geben[2]).

9. K a p i t e l.

Gesetzmäßigkeit und Zweckmäßigkeit.

Die Darstellung des sowjetrussischen Preßrechts wie jedes anderen Teils des sowjetrussischen Rechtssystems wäre unvollständig, würde man nicht abschließend darauf hinweisen, daß selbst die erschöpfendste Übersicht über die geltenden Rechtsnormen kein absolut zuverlässiges und vollständiges Bild von der tatsächlichen Rechtslage zu geben vermag. Schon in dem bisher Gesagten ist immer wieder zum Ausdruck gekommen,

---

[1]) „Enziklopedija gossudarstwa i prawa — Enzyklopädie des Staates und des Rechts", Verlag der kommunistischen Akademie, Moskau 1925—1927, III. Buch, S. 489.

[2]) Über die außerordentlichen und unbegrenzten Vollmachten der GPU zur Verhängung von Verbannung, Zwangsarbeit und Erschießung vgl. Mirkine-Gezewitsch: „Les Droits de l'Homme en Russie soviétique", Paris 1927.

daß eines der typischen Merkmale des Sowjetrechts seine Systemlosigkeit ist: Dekret reiht sich an Dekret, Verordnung an Verordnung, Zirkular an Zirkular, ohne daß vorhergehende Normen außer Kraft gesetzt oder mit den neu erlassenen in Einklang gebracht würden. Viele Vorschriften wiederholen sich, offensichtliche Widersprüche sind keine Seltenheit, und auch die Vorschriften selbst sind so gefaßt, daß der Auslegung Tür und Tor geöffnet ist.

Zu alledem kommt ein entscheidender Grundsatz hinzu, der zwar den Aufbau eines Rechtssystems in Sowjetrußland erneut erheblich erschwert, praktisch jedoch die Systemlosigkeit paralysiert: Das Gesetz ist nicht die einzige, ja nicht einmal die ausschlaggebende Erkenntnisquelle des Rechts in Sowjetrußland. Neben das in anderen Ländern vorherrschende Prinzip der Gesetzmäßigkeit tritt hier das Prinzip der Zweckmäßigkeit, und nach jahrelangem Meinungsstreit darüber, welchem von diesen beiden Prinzipien der Vorrang gebührt, hat das Prinzip der revolutionären Zweckmäßigkeit über das der revolutionären Gesetzmäßigkeit gesiegt. Es würde im Rahmen dieser Darstellung zu weit führen, die einzelnen Phasen dieser in sowjetrussischen Juristenkreisen mit großer Lebhaftigkeit geführten Polemik zu schildern[1]). Tatsache ist, daß heute die maßgebendsten Vertreter der Sowjetlehre in offiziell vom Volks-Justizkommissariat herausgegebenen Werken sowie in Lehrbüchern für die Hochschule einheitlich den Standpunkt des Primats der revolutionären Zweckmäßigkeit vertreten[2]). Diese Lehre besagt nichts anderes, als daß weder der

---

[1]) Vgl. die Debatten über die revolutionäre Gesetzmäßigkeit, die im Institut für den Aufbau des Sowjetsystems stattgefunden haben: „Sowetskoje stroitelstwo — Aufbau des Sowjetsystems" Nr. 4/5, Verlag der Kommunistischen Akademie, Moskau 1926, S. 61 ff.

[2]) Jachontow, „O rewolutionnoi sakonnosti — Über die revolutionäre Gesetzmäßigkeit" („Sowetskoje prawo — Das Sowjetrecht", 1926, Nr. 1); Iljinski, „Kategorii sakonnosti i sprawedlinosti w sowetskom prawe — Kategorien der Gesetzmäßigkeit und Gerechtigkeit im Sowjetrecht" („Das Sowjetrecht 1921, Nr. 2); Djablo, „Burschuasnaja sakonnost, sowetskaja sakonnost i rewolutionnaja zelessoobrasmost — Die bürgerliche Gesetzmäßigkeit, die Sowjetgesetzmäßigkeit und die revolutionäre Zweckmäßigkeit" („Das Sowjetrecht" 1926, Nr. 6).

sowjetrussische Verwaltungsbeamte noch das Sowjetgericht an die Normen des geschriebenen Rechts gebunden sind; weder für den Richter noch für den Verwaltungsbeamten ist das Gesetz obligatorisch; der eine wie der andere müssen in jedem Falle nicht bloß das Gesetz anwenden, sondern die Zweckmäßigkeit der Anwendung des Gesetzes im gegebenen konkreten Fall prüfen. Erscheint es dann vom Gesichtspunkt der revolutionären Zweckmäßigkeit praktischer, das Gesetz nicht anzuwenden, so soll es auch nicht angewandt werden.

Damit aber entsteht für die Auslegung und Darstellung des Sowjetrechts im allgemeinen und des sowjetrussischen Preßrechts im besonderen ein völlig unberechenbarer Faktor, der jedoch nie und nirgends außer acht gelassen werden darf. Es gibt selbstverständlich für die Einbeziehung der revolutionären Zweckmäßigkeit in die Auslegung und Anwendung der Gesetze keine irgendwie konstante Regel. Als Maßstab empfiehlt die Sowjetlehre lediglich die Richtlinien der Kommunistischen Partei. Da aber diese Richtlinien ganz allgemeiner Natur sind, ist durch das Primat der revolutionären Zweckmäßigkeit im konkreten Falle die Entscheidung einfach in das freie Ermessen des Richters bzw. des Verwaltungsbeamten gestellt. So schreibt ein sowjetrussischer Jurist[1]): „Ein Amt, welches das Gesetz nach dem Prinzip der revolutionären Zweckmäßigkeit auslegt, hat sich nicht auf die in den Sowjetverfassungen angegebenen Definitionen der Aufgaben der Sowjetmacht zu beschränken, sondern es kann sich der Verordnungen aller höheren Partei- und Staatsinstitutionen bedienen, wo diese Aufgaben konkretisiert werden", und: „die Rolle der außergesetzlichen revolutionären Zweckmäßigkeit auf dem Gebiete der Auslegung und Ergänzung der Gesetze hat in allen Zweigen des Sowjetrechts eine ungeheure Bedeutung."

Lediglich diese Tatsachen erklären die mannigfaltigen Erscheinungen auf dem Gebiete des Sowjetrechts, die sich in keiner Weise mit den gesetzlichen Bestimmungen in Einklang bringen lassen. In zahlreichen Fällen treffen die Zensurverbote Bücher, die frei von jeglicher politischer Färbung sind, wissenschaftliche Werke, Lehrbücher usw.; ebenso häufig stoßen mathematische und medizinische Bücher auf Widerstand bei der

[1]) Djablo a. a. O., S. 37/38.

Zensur einzig und allein aus dem Grunde, weil in ihnen keine Spuren der kommunistischen Lehre enthalten sind. Und so kommt es schließlich auch, daß das sowjetrussische Preßrecht jeder Einheitlichkeit entbehrt. Was in der einen Stadt erlaubt ist, ist in der anderen verboten, und zu wiederholten Malen wird die von einem Amt erteilte Genehmigung durch ein anderes Amt annulliert.

* * *

Schon in der Einleitung wurde darauf hingewiesen, daß es die eigenartige Natur des Sowjetrechts unmöglich macht, das sowjetrussische Preßrecht in der gleichen Weise darzustellen wie das Preßrecht anderer Länder. Denn die Unterschiede zwischen der Natur des Sowjetrechts und den Grundlagen des zeitgenössischen Rechts in anderen Staaten sind — vom Standpunkt der juristischen Charakteristik aus gesehen — außerordentlich groß. Gerade die Probleme, die das Preßrecht im allgemeinen beherrschen, spielen im sowjetrussischen Preßrecht keine Rolle. Die Zeitung als Organ der staatlichen Verwaltung, der Journalist als Staatsbeamter, ja teilweise sogar als Polizei- und Untersuchungsbeamter, all das schafft eine Rechtslage für die Presse, die den Rahmen sprengt, in den sich fast ausnahmslos die Preßgesetze der übrigen Länder des Erdballs einfügen lassen. Darum konnte auch keine dogmatische Analyse des sowjetrussischen Preßrechts gegeben werden; denn für eine solche Analyse hätte man für das Sowjetrecht künstlich die Grundlagen schaffen müssen, die für die Rechtsauffassung in anderen Ländern zutreffen mögen, die jedoch das Wesen des Sowjetrechts verfälschen würden.

Diese negative Schlußfolgerung enthält gewiß kein politisches Werturteil, wohl aber ein Urteil über die juristische Technik, aus der allein die Normen des sowjetrussischen Preßrechts, abweichend vom positiven Recht aller anderen Länder, ausgelegt und erfaßt werden können.

Anhang.

1. Auszug aus der Verfassung der RSFSR.

Um den Arbeitenden eine wirkliche Freiheit des Ausdrucks ihrer Ansichten zu sichern, vernichtet die Russische Sozialistische Föderative Sowjet-Republik die Abhängigkeit der Presse vom Kapital, stellt der Arbeiterklasse und dem Bauerntum sämtliche technischen und materiellen Mittel zur Herausgabe von Zeitungen, Broschüren, Büchern und allen anderen Druckschriften zur Verfügung und garantiert deren freie Verbreitung im ganzen Lande.

(Nach dem durch die XII. Allrussische Sowjet-Konferenz am 11. Mai 1925 bestätigten Wortlaut. — „Sobranije usakonenij — Gesetzsammlung" 1925, Nr. 30, Seite 218.)

2. Über die Tätigkeit der sich mit Preßangelegenheiten befassenden Sowjetämter.

Nachdem das Zentralkomitee den Bericht über die Tätigkeit der sich mit Preßangelegenheiten befassenden Sowjetämter angehört hatte, stellte es fest, daß infolge einer ungenügenden Abgrenzung zwischen den Funktionen der Preßabteilung des Zentralkomitees und denen der sich mit Preßangelegenheiten befassenden Sowjetämter, die Preßabteilung mit Angelegenheiten von der Natur des Sowjetstaates (was Wirtschafts-Organisation, Produktion und Finanzen anbetrifft) überlastet wurde, was ihrer Grundaufgabe — der Verwirklichung der ideologischen Leitung — zum Schaden gereichte.

Zwecks Kräftigung der ideologischen Leitung der Presse und Sicherung einer wirtschaftlichen Regulierung der Produktion und Verbreitung der Druckschriften, hielt es das Zentralkomitee für notwendig, die Tätigkeit der Preßabteilung von der Tätigkeit der sich mit Preßangelegenheiten befassenden Sowjetämter abzugrenzen und die beiderseitigen Funktionen laut folgenden Grundsätzen zu verteilen:

a) Probleme der ideologischen Leitung sind in der Preßabteilung des Zentralkomitees zu konzentrieren.

b) Angelegenheiten der administrativen Leitung der Presse im Einklang mit der Politik der Sowjetmacht, der statistischen Erfassung der Presse, des Studiums und der Bewertung von Büchern kulturpolitischen Inhalts sowie der systematischen Überwachung von Lehrbüchern und Lehrmitteln sollen weiter dem Volksaufklärungskommissariat obliegen.

c) Angelegenheiten der wirtschaftlichen Regulierung der Produktion und Verbreitung der Druckschriften müssen unbedingt in dem dahingehend reorganisierten Preßkomitee konzentriert werden.

Der Preßabteilung als Organ des Zentralkomitees der Partei, durch welche dieses die ideologische und politische Leitung der Presse verwirklicht, sollen folgende Grundaufgaben gestellt werden:

1. Aufklärung der ideologischen Ansprüche der Arbeiter- und Bauernmassen sowie sämtlicher Schichten der Sowjetgesellschaft.

2. Rechtzeitige Anregung neuer Fragen und Probleme und Mitwirkung an deren richtiger Lösung durch die Parteipresse.

3. Heranziehung der Presse zur aktiven Unterstützung der Parteibeschlüsse und Beobachtung der Presse (aller Arten) zwecks richtiger Förderung der Parteipolitik.

4. Durchführung einer Kontrolle, die die ideologische Standhaftigkeit und die notwendigen Eigenschaften der Presse sichert und ihre Mißstände beseitigt.

5. Stärkung der Preßorganisation (Auswahl und Ausbildung von Preßarbeitern, Ausgestaltung und Prüfung der Redaktionen der periodischen Presse und der Verlage usw.).

Außerdem wird der Preßabteilung die Koordinierung der Produktionstätigkeit der Verlage und der Verbreitung von Druckschriften gemäß den Parteiaufgaben auferlegt (Prüfung von Redaktions- und Verlagsplänen, Prüfung der Angelegenheiten neuer Verlage und neuer periodischer Schriften; allgemeine Leitung der Schaffung einer Literatur für Massen, die für diese in bezug auf Inhalt, Sprache und Preis zugänglich wäre).

Zwecks Verwirklichung dieser Grundaufgaben besorgt die Preßabteilung des Zentralkomitees

1. die Ausarbeitung der Richtlinien des Zentralkomitees in Angelegenheiten der Tätigkeitsleitung von Preßabteilungen örtlicher Parteiorganisationen sowie der Preßorgane selbst;

2. die Durchführung der die Presse betreffenden Parteibeschlüsse und Richtlinien in den kommunistischen Fraktionen staatlicher, gewerkschaftlicher und kooperativer Institutionen, sowie in den Verlagen;

3. die Durchführung der Parteirichtlinien auf dem Gebiet der Bewegungsleitung der Arbeiter- und Bauern-Berichterstatterschaft;

4. die Durchführung der Parteirichtung in den schriftstellerischen Organisationen.

Hierzu hielt es das Zentralkomitee für notwendig, das Preßkomitee des Volkshandelskommissariats gemäß der ihm aufzuerlegenden Grundaufgabe — Regulierung der Preßproduktion und Verbreitung der Druckschriften — in ein Komitee des Volkskommissarenrates umzuwandeln und vom Volkshandelskommissariat abzusondern.

Dem reorganisierten Komitee sollen folgende Aufgaben gestellt werden:

a) Regulierung und Vereinheitlichung der herausgeberischen, wirtschaftlich-produktionellen und kaufmännisch-finanziellen Tätigkeit aller Bücher- und Zeitungsverlage (staatlicher, gemeinschaftlicher, privater usw.).

b) Ausarbeitung und Durchführung von Maßnahmen, die sowohl der Entwicklung, Rationalisierung und technischen Vervollkommnung der Preßorganisationen, -unternehmungen und -institutionen dienen, als auch die Verbilligung und qualitative Verbesserung der Preßerzeugnisse fördern.

c) Regulierung der Versorgung der Verlage und anderer Preßorganisationen, -institutionen und -unternehmungen mit Papier, drucktechnischem Material und anderen Materialien.

d) Ausarbeitung, Regulierung und Durchführung der Angelegenheiten der Preßfinanzierung in den entsprechenden Regierungsstellen und staatlichen Institutionen.

e) Ausarbeitung der Gesetzentwürfe von die Union umfassender Bedeutung im Rahmen seiner Kompetenz.

Außerdem betraute das Zentralkomitee die Preßabteilung und die Volksaufklärungskommissariate mit der Aufgabe, binnen Monatsfrist die Tätigkeit der Preßorgane, die dem Volksaufklärungskommissariat unmittelbar angehören, zu regeln.

(Verordnung des ZK der Kommunistischen Partei der UdSSR vom 23. August 1926. — „Iswestija" Nr. 35—36 vom 6. September 1926.)

3. Bestimmungen über die Hauptverwaltung in Literatur- und Verlagsangelegenheiten (Glawlit).

1. Zwecks Vereinigung aller Zensurarten für Druckschriften wird eine Hauptverwaltung in Literatur- und Verlagsangelegenheiten nebst ihren örtlichen Abteilungen eingerichtet; jene wird dem Volksaufklärungskommissariat, diese den Gouvernement-Abteilungen der Volksbildung beigeordnet.

2. Der Hauptverwaltung in Literatur- und Verlagsangelegenheiten und ihren örtlichen Abteilungen wird folgendes auferlegt:

a) die Vorzensur aller zur Veröffentlichung und Verbreitung bestimmten Manuskripte und Druckschriften, periodischen und nichtperiodischen Schriften, Photographien, Zeichnungen, Karten usw.;

b) die Erteilung des Verlagsrechts für einzelne Schriften sowie periodische und nichtperiodische Druckschriften;

c) die Zusammenstellung von Listen der zum Verkauf und zur Verbreitung verbotenen Druckschriften;

d) die Herausgabe von Regeln, Verordnungen und Instruktionen in Preßangelegenheiten, die für sämtliche Preßorgane, Verlage, Druckereien, Leihbüchereien und Buchhandlungen obligatorisch sind.

3. Die Hauptverwaltung in Literatur- und Verlagsangelegenheiten und ihre Abteilungen verbieten die Herausgabe und Verbreitung von Schriften, welche

a) Agitation gegen die Sowjetmacht enthalten;
b) Kriegsgeheimnisse der Republik enthüllen;
c) die öffentliche Meinung durch Verbreitung falscher Nachrichten erregen;
d) den nationalistischen und religiösen Fanatismus fördern;
e) pornographischen Inhalt haben.

4. Druckauflagen der Kommunistischen Internationale, des Zentralkomitees der Kommunistischen Partei Rußlands, der Gouvernementkomitees der Kommunistischen Partei Rußlands, die kommunistische Parteipresse im allgemeinen, Druckauflagen des Staatsverlages und des Hauptkomitees für politische Aufklärung, die „Nachrichten des Allrussischen Zentral-Exekutivkomitees" („Iswestija") und wissenschaftliche Werke der Akademie der Wissenschaft werden von der Zensur befreit. Bezüglich dieser Druckerzeugnisse wird der Hauptverwaltung in Literatur- und Verlagsangelegenheiten und ihren Abteilungen auferlegt, Maßnahmen zur vollkommenen Sicherstellung der Interessen der Kriegszensur zu treffen. Fachmännische amtliche Druckschriften werden nur nach Vereinbarung zwischen der Hauptverwaltung in Literatur- und Verlagsangelegenheiten und dem entsprechenden Volkskommissariat von der Zensur befreit.

5. Sämtliche in der Republik erscheinenden Druckschriften, mit Ausnahme der unter Ziff. 4 bezeichneten, sollen einen Sichtvermerk der Hauptverwaltung in Literatur- und Verlagsangelegenheiten oder ihrer örtlichen Abteilungen tragen.

6. An der Spitze der Hauptverwaltung in Literatur- und Verlagsangelegenheiten steht ein durch das Kollegium des Volksaufklärungskommissariats zu ernennender Verwaltungsleiter nebst zwei Beigeordneten, welche durch das gleiche Kollegium nach Vereinbarung mit dem Revolutionären Kriegsrat der Republik und der Politischen Staatsverwaltung (GPU) ernannt werden; diese werden dem Verwaltungsleiter sowie dem jeweils zuständigen Amt untergeordnet.

7. Die örtlichen Abteilungen der Hauptverwaltung in Literatur- und Verlagsangelegenheiten in größeren Städten, wie Petrograd, Kiew, Odessa, Charkow usw. (nach Bestimmung der Hauptverwaltung), werden nach dem Vorbild der Hauptverwaltung organisiert. In allen anderen Gouvernement-Städten wird ein Zensor durch die Gouvernement-Abteilung der Volksbildung mit Zustimmung der Hauptverwaltung in Literatur- und Verlagsangelegenheiten ernannt.

8. Unabhängig von Fällen der Standrechts-Erklärung in einer Örtlichkeit können die Zensurämter in einzelnen Örtlichkeiten wegen

Kriegsnotwendigkeit auf Grund einer Vereinbarung zwischen dem Revolutionären Kriegsrat der Republik und der Hauptverwaltung in Literatur- und Verlagsangelegenheiten dem Kriegsamt untergeordnet werden bzw. wird dem letzteren anheimgestellt, in dieselben einen besonderen Zensor zu entsenden.

9. Die Überwachung der öffentlichen Schauspiele und Theatervorstellungen wird den Leitern der Gouvernement-Abteilungen der Volksbildung auferlegt.

10. Den Institutionen der Politischen Staatsverwaltung (GPU) obliegt die Bekämpfung der Verbreitung von Werken, die von der Hauptverwaltung in Literatur- und Verlagsangelegenheiten und ihren Abteilungen nicht genehmigt sind, sowie die Beaufsichtigung der Druckereien, Zoll- und Grenzpunkte, die Bekämpfung geheimer Druckauflagen und deren Verbreitung, die Bekämpfung der Einführung von Literatur aus dem Auslande, deren Verbreitung innerhalb der RSFSR verboten ist, die Beaufsichtigung des Handels mit russischer und ausländischer Literatur, die Beschlagnahme von Büchern, die von der Hauptverwaltung in Literatur- und Verlagsangelegenheiten und ihren Abteilungen nicht genehmigt sind, laut den in Ziffer 2c erwähnten Listen.

Bemerkung. Die von der Hauptverwaltung in Literatur- und Verlagsangelegenheiten herauszugebenden Listen sollen von der Politischen Staatsverwaltung genau und ständig verfolgt werden. Was einzelne, in den erwähnten Listen nicht enthaltene Schriften betrifft, hat sich die Politische Staatsverwaltung betreffs der Genehmigung oder des Verbots von Fall zu Fall mit der Hauptverwaltung in Literatur- und Verlagsangelegenheiten in Verbindung zu setzen.

11. Die Leiter der Druckanstalten und Fabrikverwaltungen haben unter strafrechtlicher Verantwortung stets dafür zu sorgen, daß die in ihren Druckereien gedruckten Werke den Sichtvermerk der Hauptverwaltung in Literatur- und Verlagsangelegenheiten tragen; die in Ziff. 4 bezeichneten Werke sind von dieser Vorschrift ausgenommen.

12. Die Inhaber und Leiter der Druckanstalten sind verpflichtet, sofort nach der Beendigung des Druckes eines Werkes jeder Art fünf Exemplare davon den Zensurinstitutionen abzuliefern.

(Dekret des Volkskommissarenrates vom 6. Juni 1922. — „Iswestija" Nr. 137 vom 23. Juni 1922. — „Sobranije usakonenij — Gesetzsammlung" 1922, Nr. 40, Seite 461.)

4. Rechte und Funktionen der Glawlit und ihrer örtlichen Abteilungen.

1. Die Glawlit und ihre örtlichen Abteilungen verwirklichen alle Zensurarten (Kriegszensur, politische, ideologische Zensur usw.).

2. Sämtliche Preßorgane, mit Ausnahme der laut Dekret von

der Zensur befreiten, sind verpflichtet, alles zum Druck Bestimmte der Glawlit und ihren örtlichen Abteilungen zur Vorzensur vorzulegen.

3. Die Glawlit erledigt die Vorzensur sämtlicher zur Veröffentlichung und Verbreitung bestimmten Manuskripte und Druckschriften, periodischen und nichtperiodischen Schriften, Photoaufnahmen, Zeichnungen usw. (Das gilt sowohl für die in Rußland erscheinenden wie für die aus dem Auslande eingeführten Erzeugnisse.)

4. Sie erteilt die Genehmigung zum Verlagsrecht einzelner Werke, periodischer und nichtperiodischer Druckschriften, sowie zum Begründungsrecht neuer Verlage.

5. Sie stellt Listen der zum Verkauf und zur Verbreitung verbotenen Druckschriften zusammen (sowohl für einheimische wie für ausländische Literatur).

6. Sie gibt Regeln, Verordnungen und Instruktionen in Preßangelegenheiten heraus, welche für sämtliche Preßorgane, Verlage, Druckereien, Leihbibliotheken und Buchhandlungen obligatorisch sind.

7. Die Zensur der Druckschriften besteht in folgendem:

a) Druckverbot solcher Nachrichten, die nicht zur Veröffentlichung bestimmt sind (siehe Liste) [1]);

b) Druckverbot solcher Artikel, die der kommunistischen Partei und der Sowjetmacht gegenüber eine ausgesprochen feindliche Tendenz haben;

c) Verbot von Druckschriften jeder Art, welche eine uns in den grundsätzlichen Problemen feindliche Ideologie (bezüglich sozialer Gesellschaft, Religion, Volkswirtschaft, nationaler Angelegenheiten, Kunst usw.) unterstützen;

d) Verbot von Schundliteratur, Pornographie, gewissenloser Reklame usw.;

e) Streichung von besonders krassen Momenten (Tatsachen, Zahlen, Charakteristiken), die die Sowjetmacht und die kommunistische Partei kompromittieren, aus den Artikeln.

8. Die Glawlit ist berechtigt, die Herausgabe einzelner Druckschriften aufzuhalten, die Auflagen zu reduzieren, die Verlage angesichts einer unzweifelhaft verbrecherischen Tätigkeit zu verbieten, und entweder deren verantwortliche Leiter dem Gericht oder die Angelegenheit einer örtlichen Abteilung der Politischen Staatsverwaltung zu übergeben.

Bemerkung. Erscheint das Verbot eines Verlages notwendig, so hat sich die örtliche Abteilung der Glawlit mit einer entsprechenden

---

[1]) Bestimmungen über die Glawlit, Ziff. 3.

Anfrage an die Zentralverwaltung zu wenden. Ist die Notwendigkeit des Verbotes äußerst dringend, so hat die örtliche Abteilung der Glawlit selbst den Verlag provisorisch zu verbieten und die Zentralverwaltung zwecks Bestätigung in Kenntnis zu setzen.

9. Bei Überwachung der Verbreitung von Druckschriften, der Druckanstalten, des Buchhandels, der Einfuhr von Druckschriften aus dem Auslande und der Ausfuhr aus der Republik laut Dekret, hat die politische Kontrolle der Politischen Staatsverwaltung die Glawlit mit ihrem technischen Apparat zu unterstützen.

(Auszug aus den Instruktionen der Glawlit für ihre örtlichen Abteilungen. — „Bülleten offizialnych rasporjaschenij i soobstschenij narkomprossa — Anzeiger der offiziellen Verordnungen und Bekanntgaben des Volksaufklärungskommissariats" Nr. 1 vom 2. Dezember 1922.)

5. Über Privatverlage.

Der Rat der Volkskommissare hat verordnet:

1. Für Privatverlage gelten folgende Regeln:

2. Zur Eröffnung ist die Genehmigung des Staatsverlages[1]) oder einer entsprechenden örtlichen Institution erforderlich, die unverzüglich der Hauptverwaltung des Staatsverlages zwecks Bestätigung mitgeteilt wird.

3. Verlage dürfen eigene Druckereien, Büros, Redaktions- und andere Zimmer, Lagerräume, Verkaufsstellen usw. unter Berücksichtigung der hierzu festgesetzten Regeln besitzen sowie von der Regierung oder von Privatbesitzern pachten. Der Erwerb oder die Verpachtung einer Druckerei kann nur nach Genehmigung des Präsidiums des Höheren Volkswirtschaftsrates mit dem Einverständnis des Staatsverlages und des Zentralkomitees der Druckarbeiter-Gewerkschaft stattfinden (Verordnung des Arbeits- und Verteidigungsrates vom 28. September 1921).

4. Den Verlagen wird anheimgestellt, unter Berücksichtigung der geltenden Gesetze und Regeln über die Wareneinfuhr aus dem Auslande und mit jedesmaliger Genehmigung des Staatsverlages im Auslande Bücher, Bilder und andere Druckerzeugnisse anfertigen zu lassen und nach Rußland einzuführen.

5. Die Verlage sind berechtigt, diejenigen Druckschriften zu Preisen, die sie selbst bestimmen, frei zu verkaufen, welche mit eigenen Mitteln und ohne staatlichen Zuschuß verlegt worden sind. Der Staatsverlag hat für die Gesamtdruckauflage oder einen Teil derselben ein Vorkaufsrecht zu vereinbarten Preisen, die jedoch die Großhandelspreise nicht übersteigen sollen.

---

[1]) Vor der Gründung der Glawlit oblagen ihre Funktionen dem Staatsverlag.

6. Kooperative Verlage werden als kooperative Genossenschaften von Verfassern, Schriftstellern, Gelehrten, Künstlern einerseits und Arbeitern des Druck- und Buchgewerbes andererseits gebildet.

7. Alle bestehenden Privatverlage unterliegen laut Ziff. 2 dieser Verordnung einer neuen Registrierung.

8. Erteilung der Genehmigungen zum Entstehen eines Verlages und zum Druck eines Manuskripts wird dem Staatsverlage und seinen örtlichen Abteilungen, mangels derselben den Gouvernement-Komitees für politische Aufklärung auferlegt, laut einer besonderen Instruktion des Volksaufklärungskommissariats.

9. Jedes einzelne Manuskript muß vor dem Setzen durch eine von den unter Ziff. 8 bezeichneten Stellen zum Druck genehmigt werden, was auf jedem gedruckten Buch vermerkt werden soll. Über die Beschlüsse der örtlichen Ämter kann beim Redaktionskollegium des Staatsverlages Klage eingereicht werden.

10. Ohne entsprechende Genehmigung verlegte Bücher werden konfisziert und dem Staatsverlage zur Verfügung gestellt, und deren Verleger strafrechtlich verfolgt.

11. Bei Vorlegung der Manuskripte erheben die unter Ziff. 8 bezeichneten Stellen eine Gebühr in Höhe von einem Vorkriegsrubel pro Druckbogen (40 000 Druckzeichen) [1].

12. Nach Beendigung des Druckes wird 1 % der Auflage, jedoch nicht weniger als 10 Exemplare, der Stelle, die die Genehmigung erteilte, unentgeltlich abgeliefert. Die Hälfte davon wird durch das örtliche Amt unverzüglich dem Staatsverlag eingesandt.

Bemerkung. Die unter Ziff. 12 erwähnten Exemplare werden unabhängig von denjenigen abgeliefert, welche den staatlichen Bücherkammern zu bibliographischen Zwecken eingesandt werden, laut Verordnung des Volkskommissarenrates betreffs die Übergabe der bibliographischen Angelegenheiten in der RSFSR an den Staatsverlag („Sobranije usakonenij — Gesetzsammlung" 1920, Nr. 65, Seite 289) und laut Instruktion des Volksaufklärungskommissariats über die Anwendung dieser Verordnung.

13. Die Herausgabe von Lehrbüchern wird durch die Verordnung des Volkskommissarenrates vom 16. August 1921 geregelt („Sobranije usakonenij — Gesetzsammlung" 1921, Nr. 61, Seite 430).

(Dekret des Volkskommissarenrates vom 12. Dezember 1921. — „Iswestija" Nr. 284 vom 17. Dezember 1921; „Sobranije usakonenij — Gesetzsammlung" 1921, Nr. 80, Seite 685.)

---

[1]) In den „Iswestija" Nr. 300 vom 28. Dezember 1926 wird mitgeteilt, daß der Volkskommissarenrat der UdSSR es für zweckmäßig hielt, die Gebühr für die Prüfung der den Glawliten vorgelegten Druckschriften abzuschaffen, und diesen Beschluß dem Präsidium des Zentral-Exekutivkomitees der UdSSR zur Bestätigung vorlegte.

6. Bestimmungen über die Russische Zentral-Bücherkammer.

Zum Zwecke der Vereinigung und Entwicklung der Tätigkeit der wissenschaftlich-bibliographischen Institutionen und Organisationen wird ein allgemeines wissenschaftlich-bibliographisches Zentrum unter der Bezeichnung „Russische Zentral-Bücherkammer" eingerichtet.

I. Rechte und Pflichten

a) auf dem Gebiet der Administration und Organisation.

1. Der Empfang der obligatorischen Exemplare sämtlicher innerhalb der UdSSR erscheinenden Druckschriften, gemäß den geltenden Gesetzen der Regierung der RSFSR und auf Grund der vertraglichen Vereinbarungen der Russischen Zentral-Bücherkammer mit den Bücherkammern (oder entsprechenden Institutionen) der verbündeten Republiken.

2. Verteilung der unter Ziff. 1 erwähnten Druckschriften unter die Bücher-Aufbewahrungsstellen und Organisationen laut einer durch das Volksaufklärungskommissariat aufgestellten Liste.

3. Aufbewahrung des ersten Exemplars einer jeden erhaltenen Druckschrift in dem zur wissenschaftlich-bibliographischen Arbeit offenstehenden Archiv der Bücherkammer.

4. Kontrolle der vollen Ablieferung der obligatorischen Exemplare durch die Druckereien, Stein- und Glasdruckereien und anderen polygraphischen Unternehmungen, sowie der durch die Verlage abzuliefernden Exemplare.

5. Strafrechtliche Verfolgung der unter Ziff. 4 bezeichneten Unternehmungen, falls diese gegen die Dekrete und Verordnungen über die Ablieferung der obligatorischen Exemplare an die Bücherkammern und über die Einsendung von Aufstellungen, Listen und anderen Nachrichten verstoßen.

6. Verbindung mit den ausländischen wissenschaftlich-bibliographischen Institutionen und Organisationen zwecks Aufrechterhaltung einer wissenschaftlichen Fühlung und Erhalt von Druckschriften und Materialien, die sich auf die Bibliographie beziehen.

7. Austausch der in der UdSSR erscheinenden gegen die ausländischen Druckschriften und Verteilung der letzteren unter die Bücher-Aufbewahrungsstellen und Organisationen, laut geltender Gesetzgebung.

8. Erwerb der im Auslande in russischer und anderen Sprachen erscheinenden Druckerzeugnisse der zur UdSSR gehörenden Nationen zum Zwecke wissenschaftlicher Registrierung.

b) auf wissenschaftlich-bibliographischem Gebiet.

1. Registrierung der der Bücherkammer zukommenden Druckschriften gemäß den Anforderungen der wissenschaftlichen Bibliographie und Bekanntgabe dieser Registrationsdaten durch Herausgabe einer besonderen Zeitschrift „Die Bücher-Annalen" („Knischnaja Letopis").

2. Statistik der Druckschriften.

3. Ausarbeitung der wissenschaftlich-bibliographischen Fragen[1]).

4. Organisation einer zentralen bibliographischen Bibliothek, eines Zentral-Informationsbüros, Preßausstellungen, Betreibung von Rundfragen und Nachforschungen auf bibliographischem Gebiet.

5. Herausgabe bibliographischer Bücher, bibliographischer Jahrbücher, statistischer Berichte, katalographischer Instruktionen usw.

6. Organisation bibliographischer Vorlesungen zwecks Ausbildung fachmännischer Bibliographen, nach Vereinbarung mit der Hauptverwaltung für berufliche Ausbildung (Glawprofobr).

7. Erfüllung der Aufgaben des staatlichen Gelehrtenrates, um sämtliche auf dem wissenschaftlich-bibliographischen Gebiet arbeitenden Institutionen zu verbinden und ihre Tätigkeit in Einklang zu bringen.

8. Einrichtung bibliographischer Tagungen und Konferenzen.

II. Verwaltung und Geldmittel.

1. Die Russische Zentral-Bücherkammer ist der Hauptverwaltung für wissenschaftliche Institutionen des Volksaufklärungskommissariats der RSFSR untergeordnet.

2. Die zur Unterhaltung der Russischen Bücherkammer nötigen Geldmittel gehören zum Staatsetat, und zwar zum Etat des Volksaufklärungskommissariats (Rubrik „Glawnauka").

3. Die Verwaltung der Kammer besteht aus einem Direktor und seinem Stellvertreter, die durch die Hauptverwaltung für wissenschaftliche Institutionen ernannt werden.

4. Der Direktor legt der Hauptverwaltung für wissenschaftliche Institutionen einen Voranschlag über die Tätigkeit der Kammer für

---

[1]) Laut Zirkular der Glawnauka Nr. 9490 vom 17. Juli 1925 an alle ihr untergeordneten Institutionen und Redaktionen wissenschaftlicher Zeitschriften, die sich mit bibliographischer Tätigkeit befassen, sind diese verpflichtet, einmal pro Quartal der Zentralbücherkammer über sämtliche auf bibliographischem Gebiet unternommenen Arbeiten und deren Verlauf zu berichten („Jeschenedelnik Narkomprossa — Wochenschrift des Volksaufklärungskommissariats" 1925, Nr. 30).

das kommende Jahr vor, sowie einen Bericht über die Tätigkeit der Kammer im verflossenen Jahr, vertritt die Kammer in ihren Beziehungen zu den entsprechenden Regierungs- und anderen Institutionen, engagiert Abteilungsleiter und andere Mitarbeiter der Kammer und leitet die ganze Tätigkeit der Kammer im allgemeinen. Er ist für die Richtung und die Resultate dieser Tätigkeit verantwortlich.

5. Die Russische Zentral-Bücherkammer besteht aus einem Organisations- und einem wissenschaftlichen Teil. Zum Organisationsteil gehören die Abteilungen, die die administrativen und Organisationsaufgaben erfüllen, zum wissenschaftlichen Teil diejenigen, die die wissenschaftlich-bibliographischen Funktionen erfüllen.

6. Zwecks Förderung der umfassenden wissenschaftlich-bibliographischen Arbeit der Bücherkammer besteht neben ihr ein Rat, der durch den Vorsitzenden nach Bedarf einberufen wird. Mitglieder des Rates sind der Direktor der Russischen Zentral-Bücherkammer (als Vorsitzender des Rates), ein Vertreter der Hauptverwaltung für wissenschaftliche Institutionen, ein Vertreter der Glawpolitproswet (Hauptverwaltung für politische Aufklärung), der stellvertretende Direktor, Leiter der Kammerabteilungen und Vertreter der wissenschaftlich-bibliographischen Institutionen laut Liste, die von der Bücherkammer aufgestellt und durch die Hauptverwaltung für wissenschaftliche Institutionen bestätigt wird.

7. Die Russische Zentral-Bücherkammer ist berechtigt, auf dem gesamten Territorium der RSFSR eigene Vertretungen und ständige örtliche Berichterstatter zu besitzen, sowie ihre Vertreter zwecks Kontrolle der Erfüllung der Verordnungen über die Registrierung der Druckschriften nach den verschiedenen Orten zu entsenden.

Bemerkung. Die Russische Zentral-Bücherkammer ist berechtigt, nach Vereinbarung mit den Bücherkammern der verbündeten Republiken (mangels der Bücherkammern mit den entsprechenden, dieselben ersetzenden Ämtern) auf dem Territorium dieser Republiken ihre Vertreter und Berichterstatter zu besitzen.

(Verordnung des Kollegiums des Volksaufklärungskommissariats vom 14. August 1924. — „Jeschenedelnik Narkomprossa — Wochenschrift des Narkompross“ Nr. 19 (40) vom 15. September 1924.)

7. Bestimmungen über den Staatsverlag.

1. Der Staatsverlag ist ein staatlicher Apparat zur Herausgabe und Verbreitung von Druckerzeugnissen; seine Rechte sind die eines Staatstrusts, laut Dekret vom 10. April 1923 über staatliche Industrie-Unternehmungen, die auf Grund kaufmännischer Kalkulation wirken („Sobranije usakonenij — Gesetzsammlung“ 1923, Nr. 29 Seite 336), mit den Ausnahmen, die in den folgenden Bestimmungen festgesetzt sind.

2. Als Satzungskapital des Staatsverlages werden anerkannt:

a) sämtliche ihm zur Zeit zur Verfügung stehenden Hilfs-Industrieunternehmungen samt Einrichtung und Inventar: Matrizen, Stereotypplatten, Notenplatten und sämtliche Reproduktionsmittel im allgemeinen;

b) alle durch das Volksaufklärungskommissariat dem Staatsverlag als Grundkapital überreichten und vom Staatsverlag auf Grund der Verordnung des Volkskommissarenrates erhaltenen Geldmittel;

c) Papiervorräte, technisches Material, Manuskripte, angefangene Bücher, fertige Auflagen, die dem Volksaufklärungskommissariat gehörten und dem Staatsverlage überreicht wurden.

Das unter „a" bezeichnete Vermögen des Staatsverlages bildet sein Grundkapital, das unter „b" und „c" bezeichnete sein Umsatzkapital.

Laut Eröffnungsbilanz ergibt das gesamte Satzungskapital des Staatsverlages 5 838 727 Rubel in Gold.

3. Die Finanzierung des Staatsverlages zwecks Erweiterung des Satzungskapitals wird auf Grund von Erklärungen des Staatsverlages in Etat-Ordnung durchgeführt, und zwar in der Bilanz des Staatsverlages unter der Rubrik „Satzungskapital".

4. Die Erteilung von lang- und kurzfristigen Darlehen an den Staatsverlag sowie der Abschluß von langfristigen Anleihen wird durch die §§ 22—24 des genannten Dekrets vom 10. April 1923 geordnet.

5. Die Verwaltungs- und Revisionsorgane des Staatsverlages sind:

a) das Volksaufklärungskommissariat, b) die Verwaltung, c) die Revisionskommission.

6. Dem Volksaufklärungskommissariat obliegt:

a) die Ernennung der Verwaltung des Staatsverlages und dessen Vorsitzenden, welcher den Staatsverlag leitet;

b) die Ernennung des Hauptredakteurs und des unter seinem Vorsitz stehenden Redaktions-Kollegiums, welches die gesamte Tätigkeit des Staatsverlages in ideologischer Hinsicht leitet;

c) die im Trust-Dekret vom 10. April 1923 unter § 28, Abs. a, b, c und g bezeichneten Funktionen;

d) Bestimmung der Höhe und der Form des dem Vorsitzenden und den Verwaltungsmitgliedern zustehenden Entgelts;

e) Bestätigung des Jahresberichts des Staatsverlages und des allgemeinen Planes seiner Tätigkeit für das kommende Jahr.

7. Das Volksaufklärungskommissariat beaufsichtigt die Tätigkeit des Staatsverlages im allgemeinen und erteilt demselben allgemeine Aufgaben auf dem Gebiet der Kultur- und Aufklärungsarbeit; in der laufenden administrativen und operativen Arbeit behält der Staatsverlag seine Selbständigkeit.

8. Das Volksaufklärungskommissariat ernennt die Verwaltung des Staatsverlages, nämlich den Vorsitzenden, seinen Stellvertreter und die Verwaltungsmitglieder, deren Zahl durch das Volksaufklärungskommissariat bestimmt wird.

9. Der Vorsitzende der Verwaltung ist gleichzeitig der Leiter des Staatsverlages und ist für dessen gesamte Tätigkeit verantwortlich. Die Verwaltungsmitglieder tragen die Verantwortung im Rahmen ihrer Kompetenz und der durch die Verwaltung gefällten Entscheidungen.

10. Die Entscheidungen der Verwaltung werden mit einfacher Mehrheit der Stimmen der anwesenden Mitglieder gefaßt, bei Stimmengleichheit ist die Stimme des Vorsitzenden entscheidend. Stimmt der Vorsitzende mit der Mehrheit nicht überein, so ist er berechtigt, seinen Entschluß durchzuführen, er hat dies unverzüglich dem Volksaufklärungskommissariat zu melden, welches eine Verordnung des Vorsitzenden aufheben darf.

11. Die Kompetenz der Verwaltung des Staatsverlages wird durch den § 35 des Dekrets vom 10. April 1923 festgesetzt, wobei die in den Absätzen „a" bis „c" bezeichneten Funktionen einzelnen Verwaltungsmitgliedern nach Entscheidung der Verwaltung auferlegt werden können.

12. In Fällen, die keinen Aufschub dulden, darf der Leiter des Staatsverlages auf seine Verantwortung unmittelbar Entscheidungen aller Art treffen, die der Kompetenz der Verwaltung obliegen, und hat die letztere hierüber zu benachrichtigen. Gegen die erwähnten Maßnahmen des Leiters können die Verwaltungsmitglieder bei dem Volksaufklärungskommissariat Klage erheben.

13. Das Redaktions-Kollegium ist die Stelle, die die Tätigkeit des Staatsverlages in ideologischer Hinsicht leitet; der Vorsteher des Kollegiums ist der Hauptredakteur, welcher auch der Verwaltung angehört. Ohne Einverständnis des Hauptredakteurs darf der Staatsverlag keine Druckschrift herausgeben.

14. Zur Prüfung der periodischen Berichte und Bilanzen, sowie zur Begutachtung des Jahresberichts wird eine Revisionskommission bestehend aus drei Personen eingerichtet, welche auf Grund einer vom Volksaufklärungskommissariat ausgearbeiteten Instruktion wirkt. Der Vorsitzende und ein Mitglied der Kommission werden vom Volksaufklärungskommissariat ernannt, das zweite Mitglied der Kommission ist der Vorsitzende des Zentral-Komitees der Gewerkschaft der Volksaufklärungs-Arbeiter.

15. Der Staatsverlag ist verpflichtet, seinen Reingewinn, abzüglich der für das Reservekapital und die Angestellten-Gratifikationen bestimmten Beträge zur Verbilligung seiner Druckauflagen und zu besonderen Kultur- und Aufklärungszwecken nach Bestimmung des Volksaufklärungskommissariats zu verwenden.

16. Die für das Reservekapital bestimmte Rate wird vom Volksaufklärungskommissariat festgesetzt. Das Reservekapital dient zur Deckung der Verluste sowie zur Erweiterung des Unternehmens.

17. Der Staatsverlag ist von allen staatlichen und örtlichen Steuern befreit.

18. Der Staatsverlag ist nicht verpflichtet, Börsenmitglied zu sein, seine Abmachungen müssen nicht unbedingt an der Börse registriert werden, und er ist nicht verpflichtet, die außerhalb der Börse getätigten Abmachungen zu registrieren.

19. Der Staatsverlag kann nur auf Grund einer Entscheidung des Volkskommissarenrates liquidiert werden; in diesem Falle wird die Liquidations-Kommission vom Volksaufklärungskommissariat ernannt. Die Liquidationsordnung wird nach Vereinbarung des Volksaufklärungskommissariats, des Volksfinanzkommissariats und des Volkskommissariats der Arbeiter- und Bauerninspektion festgesetzt.

(Dekret des Volkskommissarenrates vom 2. Juli 1923. — „Iswestija" Nr. 155 vom 13. Juli 1923; „Sobranije usakonenij — Gesetzsammlung" 1923, Nr. 63 Seite 617.)

8. Bestimmungen über die Herausgabe der „Iswestija".

I. Allgemeine Bestimmungen.

§ 1. Zur Erledigung der Verlags-Aufgaben, welche mit der Herausgabe der offiziellen Zeitung „Nachrichten des Zentral-Exekutiv-Komitees der Union der Sozialistischen Sowjet-Republiken und des Allrussischen Zentral-Exekutiv-Komitees der Räte der Arbeiter-, Bauern-, Kosaken- und Rotarmisten-Deputierten" („Iswestija") verbunden sind, sowie zum Zwecke der Förderung der sozial-politischen Entwicklung der arbeitenden Massen besteht neben dem Zentral-Exekutiv-Komitee der Union der SSR (ZIK) und dem Allrussischen Zentral-Exekutiv-Komitee (WZIK) ein Verlag unter der Bezeichnung: „Verlag der Nachrichten des ZIK und des WZIK" (Verlag „Iswestija").

§ 2. Die Grundaufgabe des „Verlages des ZIK und des WZIK" ist die Herausgabe und Verbreitung der Tageszeitung „Nachrichten des Zentral-Exekutiv-Komitees der Union der Sozialistischen Sowjet-Republiken und des Allrussischen Zentral-Exekutiv-Komitees der Räte der Arbeiter-, Bauern-, Kosaken- und Rotarmisten-Deputierten", abgekürzt „Nachrichten des ZIK und des WZIK" („Iswestija") genannt. Außerdem ist der Verlag der „Iswestija" berechtigt, unter Berücksichtigung der geltenden Gesetze auch andere periodische und nichtperiodische Schriften zu verlegen und zu verbreiten.

§ 3. Der Verlag „Iswestija" ist ein staatliches Unternehmen, welches auf Grund wirtschaftlicher Kalkulation wirkt, ohne den Zweck eines kaufmännischen Vorteils zu verfolgen.

§ 4. Der Verlag der „Iswestija" verfügt über alle Rechte einer juristischen Person; desgleichen genießt er alle Rechte, Vorrechte und Vorteile, welche von der Gesetzgebung für zentrale und örtliche Preßorgane und ihre Hilfsunternehmungen festgesetzt sind.

Der Verlag wird von sämtlichen staatlichen und örtlichen Steuern und Gebühren sowie von Gerichtsspesen befreit.

Der Verlag ist berechtigt, Güter zu erwerben, zu veräußern und zu verpfänden, Verpflichtungen zu übernehmen und überhaupt Abmachungen aller Art zu treffen, die mit der unmittelbaren Tätigkeit des Verlages verbunden sind, auch vor Gericht als Kläger und als Beklagter aufzutreten.

Es wird unter anderem dem Verlag das Recht eingeräumt, Verträge aller Art abzuschließen, sich bei Banken sowie bei anderen Unternehmungen und Institutionen Kredite zu verschaffen, wechselartige und andere Verpflichtungen zu übernehmen, Kontokorrente, spezielle und andere Konti einzurichten, Grundstücke zum Bebauen und für andere Zwecke zu pachten, für den Verlag notwendige Unternehmungen zu gründen, als Mitglied in Genossenschaften einzutreten, innerhalb der ganzen Union städtische Zeitungsstände zu pachten usw.

Bemerkung: Für Schulden haftet der Verlag mit dem gesamten in seinem Besitz befindlichen Vermögen in den Grenzen, die durch die geltenden Gesetze festgesetzt sind.

§ 5. Es wird dem Verlag das Recht eingeräumt, auf dem gesamten Territorium der Union der SSR seine als Vertretungen wirkenden Filialen und Agenturen zu eröffnen sowie einzelne Agenten als Vertreter zu besitzen.

§ 6. Der Verlag besitzt einen Stempel, welcher das Staatswappen der Union der SSR, mit der Benennung des Verlages versehen, darstellt.

II. Mittel des Verlages.

§ 7. Die Mittel des Verlages „Iswestija" bestehen aus dem Satzungs- und dem Reservekapital.

§ 8. Das Satzungskapital des Verlages „Iswestija" wird nach der Bilanz per 1. Januar 1926 mit Rb. 544 402,85 berechnet und besteht aus: a) dem Grundkapital in Sachwerten in Höhe von Rb. 226 045,08 und b) dem Umsatzkapital in Höhe von Rb. 318 357,77.

Laut gleicher Bilanz wird das Reservekapital in Höhe von 5797,83 Rb. berechnet.

§ 9. Der vom Verlag aufgewiesene Reingewinn wird, nach Abzug der Abgaben für das Reservekapital, entweder zur Verbilligung der Druckauflagen des Verlages und qualitativen Verbesserung derselben oder zu Kultur- und Aufklärungszwecken verwendet, nach Genehmigung des Präsidiums des Zentral-Exekutivkomitees der Union der

SSR und des Allrussischen Zentral-Exekutivkomitees, auf Grund einer gegenseitigen Vereinbarung.

§ 10. Die Höhe der dem Reservekapital abzugebenden Raten wird auf Grund einer Vereinbarung der Präsidien des Zentral-Exekutivkomitees der Union der SSR und des Allrussischen Zentral-Exekutivkomitees festgesetzt.

§ 11. Das Reservekapital dient zur Deckung der Verluste sowie zur Erweiterung der Unternehmungen des Verlages.

III. Verwaltungsorgane des Verlages, Grenzen ihrer Vollmachten und Geschäftsordnung.

§ 12. Die Verwaltungs- und Revisionsorgane des Verlages „Iswestija" sind: a) der Redakteur des Verlages und sein Stellvertreter und b) die Revisionskommission.

§ 13. Der Redakteur ist der Leiter des Verlages „Iswestija" und für die gesamte Tätigkeit des Verlages verantwortlich.

§ 14. Der Redakteur und seine zwei Stellvertreter (für den Redaktions- und den wirtschaftlichen Teil) werden vom Präsidium des Zentral-Exekutivkomitees der Union der SSR nach Vereinbarung mit dem Präsidium des Allrussischen Zentral-Exekutivkomitees ernannt oder entlassen.

§ 15. Dem Redakteur obliegt die Leitung des Verlages sowohl in ideologischer wie auch in wirtschaftlich-finanzieller und administrativer Hinsicht.

§ 16. Unter anderem obliegt dem Redakteur des Verlages „Iswestija" folgendes: 1. Zusammenstellung des Personals des Verlages, Abschluß kollektiver und Arbeitsverträge, Einstellung und Entlassung der Arbeiter und Angestellten und Festsetzung der Höhe ihres Entgelts; 2. Ausarbeitung des Arbeitsplans des Verlages für das kommende Jahr; 3. Entscheidung über die Eröffnung örtlicher Agenturen und Büros; 4. Abschluß verschiedenartiger Verträge und Abmachungen im Namen des Verlages; 5. Anschaffung verschiedener für die Tätigkeit des Verlages notwendiger Gegenstände und Materialien, sowohl auf Rechnung des Verlages wie auch gemeinschaftlich mit anderen staatlichen und kooperativen Unternehmungen und Vereinigungen; 6. Verbreitung und Realisation der Druckauflagen mit allen durch das Gesetz erlaubten Mitteln; 7. Durchführung aller gesetzlich erlaubten Handels- und Kreditoperationen (passiver Art) und Teilnahme an verschiedenartigen kommerziellen Vereinigungen und Unternehmungen, staatlichen und kooperativen, sowie an gemischten Aktien-Gesellschaften, im Einklang mit den dem Verlag gestellten Aufgaben und in den Grenzen der wirtschaftlichen Notwendigkeit, unter Beachtung der hierfür geltenden Gesetzesbestimmungen; 8. andere für die Zwecke und Aufgaben des Verlages notwendigen Handlungen, laut §§ 4 und 5 der gegenwärtigen Bestimmungen.

§ 17. Die Verteilung der in den §§ 15 und 16 angegebenen Verpflichtungen zwischen dem Redakteur und seinen Stellvertretern wird von dem Redakteur auf Grund besonderer von ihm selbst herauszugebender Instruktionen und Verordnungen erledigt.

§ 18. Die gesamte Korrespondenz des Verlages, Wechsel, Vollmachten, Verträge und andere Akten werden im Namen des Verlages ausgestellt und vom Redakteur oder seinen Stellvertretern ihren Vollmachten gemäß unterzeichnet (§ 17).

§ 19. Zur Verwirklichung der dem Verlag obliegenden Aufgaben wird derselbe wie folgt eingeteilt: a) der Redaktionsteil und b) der Wirtschafts- und Verlagsteil (Hauptbüro), mit entsprechenden Abteilungen und Unterabteilungen, welche auf Grund besonderer vom Redakteur oder seinen Stellvertretern je nach Kompetenz herauszugebender Verordnungen wirken.

§ 20. Das Geschäftsjahr läuft vom 1. Januar bis zum 31. Dezember.

§ 21. Die Berechnung der Einnahmen und Ausgaben für jedes Geschäftsjahr wird vom Präsidium des Zentral-Exekutivkomitees der UdSSR nach Vereinbarung mit dem Präsidium des Allrussischen Zentral-Exekutivkomitees bestätigt.

§ 22. Der Jahresbericht über die Tätigkeit des Verlages samt Endbilanz per ultimo des Bilanzjahres und Beschluß der Revisionskommission, nebst Vorschlägen für die Art und Weise der Verteilung der Gewinne und Deckung der Verluste wird spätestens am 1. April des folgenden Jahres den Präsidien des Zentral-Exekutivkomitees der Union der SSR und des Allrussischen Zentral-Exekutivkomitees zur Bestätigung vorgelegt.

§ 23. Für die Zeit längerer Abwesenheit (infolge Krankheit, Dienstreise oder Urlaub) des Redakteurs werden seine Rechte und Pflichten von seinen Stellvertretern, je nach Kompetenz, ausgeübt.

IV. Die Revisionskommission.

§ 24. Zur Prüfung der periodischen Berichte und Bilanzen, sowie zur Überwachung der allgemeinen Lage und einzelner Teile der Tätigkeit des Verlages wird eine aus drei Personen bestehende Revisionskommission eingerichtet, welche vom Präsidium des Zentral-Exekutivkomitees der Union der SSR nach Vereinbarung mit dem Präsidium des Allrussischen Zentral-Exekutivkomitees ernannt wird.

V. Über die Änderung der gegenwärtigen Bestimmungen und über die Liquidation des Verlages.

§ 25. Abänderungen oder Ergänzungen der gegenwärtigen Bestimmungen können nur mit Einverständnis des Präsidiums des Zentral-Exekutivkomitees der Union der SSR nach Vereinbarung mit dem Präsidium des Allrussischen Zentral-Exekutivkomitees vorgenommen werden.

§ 26. Die Liquidation des Verlages und die Ordnung derselben werden vom Präsidium des Zentral-Exekutivkomitees der Union der SSR nach Vereinbarung mit dem Präsidium des Allrussischen Zentral-Exekutivkomitees festgesetzt.

(Dekret des ZIK der UdSSR vom 6. Juni 1926. — „Iswestija" Nr. 211 vom 14. September 1926; „Sobranije usakonenij — Gesetzsammlung" 1926 Nr. 66, Seite 499.)

9. Über die normale Satzung der Zeitungsverlage.

Die Wirtschaftskonferenz der RSFSR bestimmt:

beifolgende normale Satzung der Zeitungsverlage, welche neben den Zentral-Exekutivkomitees der autonomen Republiken, sowie neben den Provinz-, Gouvernement- und Kreis-Exekutivkomitees bestehen, in Kraft zu setzen.

Satzung
des Zeitungsverlages „.........."

I. Allgemeine Bestimmungen.

1. Zur Herausgabe der Zeitung „........" sowie anderer Druckschriften, auch zum Handel mit denselben, wird unter der allgemeinen Leitung des Volkskommissariats für Innenhandel der RSFSR in bezug auf die wirtschaftlich-kommerziellen Operationen, und dem .... Exekutivkomitee unmittelbar angehörend, ein Verlag unter der Benennung „........", welcher auf der Grundlage wirtschaftlicher Kalkulation wirkt, eingerichtet.

. 2. Der Verlag genießt die Rechte einer juristischen Person, besitzt, benutzt und verwaltet die ihm zur Verfügung gestellten Güter, unternimmt verschiedene Handlungen auf der allgemeinen Grundlage des Zivilrechts, mit Ausnahmen und Eigentümlichkeiten, welche durch die Gesetzgebung für die auf Grundlage wirtschaftlicher Kalkulation wirkenden Unternehmungen festgesetzt sind.

3. Der Verlag ist für seine Verpflichtungen mit seinem gesamten, dem Privatumlauf nicht entzogenen Vermögen haftbar; diese Haftbarkeit beruht auf den für staatliche Unternehmungen geltenden Grundlagen, und es können hierfür keine anderen staatlichen Institutionen, noch die Schatzkammer oder örtliche Mittel verantwortlich gemacht werden.

4. Zur Erfüllung des im § 1 der Satzung angegebenen Zwecks ist der Verlag, unter Berücksichtigung des geltenden Preßrechts, berechtigt:

a) periodische und nichtperiodische Druckschriften (Bücher, Broschüren usw.) herauszugeben;

b) mit Druckschriften des eigenen, sowie auch fremder Verlage zu handeln;

c) Druckanstalten und andere Hilfsunternehmungen zu unterhalten;

d) Filialen, Verkaufsstellen, Lager, Zeitungsstände usw. zu eröffnen;

e) andere vom Gesetz erlaubte Operationen durchzuführen.

5. Der Verlag hat seinen Hauptsitz in der Stadt . . . .

6. Dem Verlag wird ein Stempel mit der Darstellung seiner Benennung übergeben.

II. Vermögen des Verlages.

7. Dem Verlag wird vom . . . . Exekutivkomitee ein Satzungskapital in Höhe von . . . . (Betrag in Buchstaben) zur Verfügung gestellt, in bar oder in Sachwerten, die den Zwecken des Verlages entsprechen oder von demselben im Laufe seiner weiteren Tätigkeit benutzt werden können. Die dem Verlag laut Bilanz übergebenen Sachwerte sollen nicht höher als nach den durchschnittlichen Marktpreisen per Bilanztag eingeschätzt werden.

Bemerkung. Die Übergabe der zur Deckung des Satzungskapitals bestimmten Güter durch das . . . . Exekutivkomitee soll binnen drei Monaten nach Inkraftsetzen der gegenwärtigen Satzung erfolgen.

8. Das Satzungskapital des Verlages umfaßt das Grund- und das Umsatzkapital. Unter dem Grundkapital sind sämtliche Güter zu verstehen, die im Laufe eines Produktionskreises nicht vollständig aufgebraucht werden, wie: Druckanstalten, Gebäude, Maschinen, Einrichtungen, Instrumente, lebendes und totes Inventar usw. Unter dem Umsatzkapital ist zu verstehen: Geld, Wertpapiere, Produktionserzeugnisse, sowie alle Gegenstände, welche in einem Produktionskreis nur einmal benutzt werden können, wie: Brennstoff, Rohstoffe, diverse Materialien usw.

9. Außer dem Satzungskapital besitzt der Verlag a) das Reservekapital, welches durch jährliche Abgaben von 10% des Reingewinns gebildet wird; das Reservekapital ist zur Deckung der laut Jahresbilanz möglicherweise zum Vorschein kommenden Verluste bestimmt; das Reservekapital kann nur nach Genehmigung des . . . . Exekutivkomitees ausgegeben werden; die Abgaben für das Reservekapital hören auf, wenn dasselbe ein Drittel des Satzungskapitals erreicht; b) das Amortisationskapital, welches durch jährliche Abzüge vom Rohgewinn des Verlages gebildet wird. Die Höhe der dem Amortisationskapital abzugebenden Raten wird vom . . . . Exekutivkomitee festgesetzt.

III. Die Verwaltungsorgane des Verlages.

10. Zur Verwaltung des Verlages wird durch das ..... Exekutivkomitee auf ein Jahr ein Verwalter ernannt. Das Gehalt des Verwalters wird vom ...... Exekutivkomitee bestimmt. Dasselbe Exekutivkomitee engagiert den Hauptbuchhalter des Verlages auf Grund der vom Verwalter gemachten Vorschläge.

11. Das Geschäftsjahr des Verlages wird vom 1. Januar bis zum 31. Dezember festgesetzt.

12. Spätestens einen Monat vor Beginn eines neuen Geschäftsjahres ist der Verwalter verpflichtet, dem ...... Exekutivkomitee einen Arbeitsplan des Verlages für das kommende Jahr sowie eine Berechnung der Einnahmen und Ausgaben zur Begutachtung vorzulegen. Gehen im Laufe eines Monats keine Einwendungen ein, so wird der Plan und die Berechnung in Kraft gesetzt.

13. Binnen drei Monaten nach Ablauf des Geschäftsjahres legt der Verwalter dem ...... Exekutivkomitee einen Bericht, die Bilanz und die Gewinn- und Verlustrechnung nebst Beschluß der Revisionskommission und Vorschlägen für die Ordnung und Mittel der Verlustdeckung und Gewinnverteilung zur Begutachtung vor.

14. Bei der Zusammenstellung der Bilanz müssen insbesondere nachstehende Regeln berücksichtigt werden: a) die zum Grundkapital gehörenden Güter müssen, ungeachtet ihres fortwährenden Verlustes, mit den Ankaufs- oder Zubereitungspreisen angegeben werden, in entsprechenden Fällen mit denjenigen Preisen, zu welchen sie vom Verlag bei seiner Bildung übernommen worden sind, jedoch mit der Bedingung, daß der Wertverlust dieser Güter infolge Abnutzung durch jährliche Abzüge eines festgesetzten Prozentsatzes ihres Wertes zugunsten des Amortisationskapitals gebucht wird; b) Wertpapiere und Waren, die einen Börsen- oder Marktpreis besitzen, werden in der Bilanz nicht höher als zu den Börsen- oder Marktpreisen desjenigen Tages angegeben, per welchen die Bilanz zusammengestellt wird; c) Güter, die keinen Börsen- oder Marktpreis besitzen, werden nicht höher als zu den Wiederherstellungspreisen angegeben; d) zweifelhafte Außenstände werden nach ihrem wahrscheinlichen Wert angegeben, hoffnungslose werden als Verlust abgeschrieben und dürfen in den Activa nicht angegeben werden; e) Organisations- und Verwaltungsspesen dürfen in den Activa nicht angegeben werden und werden als Verlust abgeschrieben; f) das Satzungs-, Reserve- und Amortisationskapital, andere Kapitalien besonderer Bestimmung sowie Schulden des Verlages gehören zu den Passiva; h) die sich aus dem Vergleich der sämtlichen Activa und Passiva herausstellenden Gewinne oder Verluste werden zum Schluß der Bilanz besonders angegeben.

15. Der gesamte Gewinn des Verlages gehört zu den allgemeinen Einnahmequellen des entsprechenden örtlichen Budgets, mit Ausnahme von

a) Abzügen von nicht weniger als 10 % zugunsten des Reservekapitals des Verlages, solange dasselbe nicht ein Drittel des Satzungskapitals erreicht hat; b) Abzügen zur Bildung eines besonderen Fonds zur Verbesserung des Arbeiterwohlstandes und c) eventuell zu bildenden Kapitalien besonderer Bestimmung.

16. Der Erwerb und die Pachtung von Gebäuden und einzelnen Teilen des Unternehmens werden von Fall zu Fall auf Grund einer besonderen Genehmigung des ...... Exekutivkomitees zugelassen. Pachtverträge über Hilfsunternehmungen bis zu einer Frist von sechs Jahren werden vom Verwalter selbständig abgeschlossen.

17. Außer den Fällen, die durch die allgemeinen Gesetzesbestimmungen und die gegenwärtige Satzung vorgesehen sind, dürfen sich keine Staatsämter und Amtspersonen in die wirtschaftlich-administrative und operative Tätigkeit des Verwalters einmischen.

16. Der Verwalter leitet die gesamte Tätigkeit des Verlages und waltet über das demselben zur Verfügung stehende Vermögen. Der Verwalter trifft alle zur Tätigkeit des Verlages gehörenden Abmachungen; er hat sich nur in denjenigen Fällen die Genehmigung des ...... Exekutivkomitees zu erbitten, welche in der gegenwärtigen Satzung und in der vom .... Exekutivkomitee angenommenen Instruktion genau bezeichnet sind.

19. Dem Verwalter obliegt unter anderem folgendes:

a) Organisation der Produktion und Leitung der Tätigkeit des Verlages;

b) Einrichtung der Kasse und der Geschäftsordnung, Führung der Buchhaltung sowie Anfertigung von Berichten, Bilanzen, Berechnungen der Einnahmen und Ausgaben und Tätigkeitsentwürfen;

c) Einstellung und Entlassung von Arbeitern und Angestellten, Schließung kollektiver und individueller Arbeitsverträge;

d) Verteilung der Verwaltungsarbeit und der dazugehörigen Verpflichtungen;

e) An- und Verkauf von Gütern sowohl gegen Barzahlung wie auf Kredit;

f) Miete von Lagern und Räumen;

g) Versicherung des Besitzes des Verlages;

h) Herausgabe, Annahme in Zahlung und Diskont von Wechseln und anderen Verpflichtungen;

i) Vollmachten-Erteilung;

j) Abschluß von Verträgen zum Erwerb und zur Pachtung von Gebäuden, unter Berücksichtigung der Vorschriften des § 16 der gegenwärtigen Satzung;

k) Vollziehung verschiedener, vom Gesetz erlaubter Kredit-Operationen, welche mit der Durchführung der dem Verlag auferlegten Aufgaben verbunden sind;

l) Vorschläge an das ...... Exekutivkomitee über Änderungen der Satzung des Verlages, unter anderem des Satzungskapitals;

m) Eröffnung von Büros, Filialen, Agenturen usw.;

n) Berechtigung, vor Gericht als Kläger und Beklagte, ohne Vorlage einer besonderen Vollmacht, aufzutreten.

20. Wechsel, Schecks und andere Geldverpflichtungen werden vom Verwalter gezeichnet und vom Hauptbuchhalter gegengezeichnet.

21. Der Verwalter des Verlages muß Einsicht und die nötige Sorgfalt an den Tag legen und trägt die disziplinare, straf- und zivilrechtliche Verantwortung für die Erhaltung des ihm anvertrauten Vermögens und für die wirtschaftlich-zweckmäßige Geschäftsführung.

22. Über alle Verordnungen des Verwalters, die eine prinzipielle und wichtige Bedeutung haben, wird ein von ihm zu unterzeichnendes Journal geführt.

23. Dem Verwalter wird das Recht eingeräumt, sich mit sämtlichen örtlichen Staatsämtern und Amtspersonen unmittelbar in Verbindung zu setzen. Beziehungen zu den Zentral- oder Landes-Staatsämtern sowie Anregung von Fragen allgemeiner und prinzipieller Bedeutung können nur durch die Vermittlung des ...... Exekutivkomitees erfolgen.

24. Die Revision der Verlagsangelegenheiten wird durch eine Revisionskommission vorgenommen, die vom .... Exekutivkomitee auf Grund einer von dem ...... Exekutivkomitee herauszugebenden Instruktion ernannt wird.

Außerdem ist das .... Exekutivkomitee berechtigt, die Tätigkeit des Verlages durch besonders hierzu bevollmächtigte Personen zu kontrollieren.

25. Bei Anschaffungen aller Art ist der Verlag verpflichtet, bei sonst gleichen Bedingungen, staatlichen Unternehmungen und Konsum-Gesellschaften, die als Kontrahenten auftreten, den Vorzug zu geben.

IV. Die Liquidation des Verlages.

26. Die Liquidation des Verlages erfolgt in nachstehenden Fällen: a) Verlust von zwei Fünfteln des Satzungskapitals, falls nicht die Auffüllung des Kapitals aus anderen Quellen oder die Herabsetzung des Satzungskapitals als notwendig erkannt wird; b) wenn das Weiterbestehen des Verlages als unzweckmäßig erkannt wird; c) falls das Vermögen des Verlages zur Deckung der fälligen Verpflichtungen nicht ausreicht.

27. Die Liquidation des Verlages wird von einer durch das ...... Exekutivkomitee zu ernennenden Liquidationskommission, mit Beteiligung eines Vertreters des entsprechenden Gewerkschaftsverbandes und der entsprechenden Finanzabteilung im Laufe einer vom Exekutivkomitee zu bestimmenden Frist durchgeführt, jedoch

nicht später als binnen einem halben Jahr nach der Veröffentlichung. Verordnungen über die Liquidation und Ernennung einer Liquidationskommission werden zur allgemeinen Kenntnis veröffentlicht. Das nach der Liquidation zurückbleibende Vermögen wird dem ....Exekutivkomitee unter Kontrolle der Finanzabteilung zur Verfügung gestellt.

(Bestimmung der Wirtschaftskonferenz der RSFSR vom 27. Juni 1925. — „Ekonomitscheskaja Schisn — Ökonomisches Leben" Nr. 175 und 176 vom 2. und 4. August 1925; „Sobranije usakonenij — Gesetzsammlung" 1925, Nr. 48, Seite 365.)

10. Über die Eröffnungsordnung von Druckanstalten und deren Beaufsichtigung.

1. Die Eröffnung von Druckunternehmungen (Typo-, Litho- und Metallographien) wird staatlichen Institutionen, kooperativen und gesellschaftlichen Organisationen und Privatpersonen unter Berücksichtigung der gegenwärtigen Bestimmungen genehmigt.

2. Genehmigungen zur Eröffnung der im § 1 erwähnten Druckunternehmungen werden durch die Verwaltungsabteilungen der Gouvernement- und Kreis-Exekutivkomitees auf Grund eines Beschlusses des Gouvernement-Volkswirtschaftsrates erteilt.

Bemerkung. Den Anträgen an die Verwaltungsabteilung zwecks Genehmigung der Eröffnung von Druckunternehmungen müssen deren Inhaber ausgefüllte, den Inhaber und den Verwalter des Unternehmens betreffende Fragebogen besonderen Musters in je drei Ausfertigungen beilegen. Vereinigungen müssen diese Fragebogen in je drei Ausfertigungen für jedes Mitglied der Verwaltung und für den verantwortlichen Leiter oder Geschäftsführer des Unternehmens vorlegen.

3. Die zur Eröffnung eines Druckunternehmens erteilte Genehmigung bleibt im Laufe eines Jahres in Kraft; wird nach Ablauf der genannten Frist das Unternehmen nicht in Betrieb gesetzt, so bedarf es einer neuen Genehmigung.

4. Die Übergabe von Druckunternehmungen an eine andere Person ist nur mit Genehmigung der Verwaltungsabteilung nach Beschluß des Gouvernement-Volkswirtschaftsrates zulässig.

5. Personen, welche ein Druckunternehmen geerbt oder auf Grund des Dekrets des Allrussischen Zentral-Exekutivkomitees vom 10. Dezember 1921 („Sobranije usakonenij — Gesetzsammlung" 1921, Nr. 79, Seite 684) erhalten haben, sind verpflichtet, binnen zwei Monaten nach Empfangnahme des Unternehmens die Genehmigung gemäß § 3 der gegenwärtigen Bestimmungen zu erlangen.

Sollte die Genehmigungs-Erteilung bis Ablauf der obigen Frist nicht erfolgen, so hat der Inhaber des Druckunternehmens die Tätigkeit desselben einzustellen und binnen sechs Monaten das Unternehmen entweder einer anderen Person, die sich im Besitz einer entsprechenden Genehmigung befindet, zu übergeben oder zu schließen.

Bemerkung. Für Personen, welche zur Zeit der Herausgabe der gegenwärtigen Bestimmungen tatsächlich ein Druckunternehmen besitzen, laufen die genannten Fristen von dem Datum der Veröffentlichung der Bestimmungen.

6. Staatliche Institutionen, kooperative und gesellschaftliche Organisationen und Privatpersonen sind verpflichtet, bei Überreichung des Gesuchs um Erteilung der Genehmigung zur Eröffnung von Druckunternehmungen Angaben über den Umfang der Einrichtungen des Unternehmens nach Mustern, die vom Höheren Volkswirtschaftsrat und Volkskommissariat des Innern festgesetzt sind, vorzulegen.

Über jede weitere Änderung des Umfangs der Einrichtungen eines Druckunternehmens müssen deren Inhaber, auch staatliche Institutionen, binnen einem Monat die Verwaltungsabteilung und den Gouvernement-Volkswirtschaftsrat in Kenntnis setzen.

7. Jedes Druckunternehmen, auch ein staatliches, hat ein Schnurbuch zu besitzen, dessen Bogen von der Verwaltungsabteilung geschnürt werden; in dieses Buch werden sämtliche zum Druck bestimmten Werke eingetragen mit Angabe des Auftraggebers, der Zahl der Exemplare, des Druckformats und der Angabe darüber, ob eine Genehmigung der Zensur vorliegt oder nicht nötig ist.

8. Die Prüfung der im Schnurbuch gemachten Eintragungen und der Vergleich derselben mit den tatsächlich vollbrachten und laufenden Arbeiten werden von Vertretern der Verwaltungsabteilung erledigt, können aber auch von Vertretern des Gouvernement-Volkswirtschaftsrates gemacht werden.

9. Jedes von staatlichen, kooperativen, privaten und anderen Druckunternehmungen herausgegebene Exemplar muß folgende Angaben tragen: Benennung und Anschrift des Unternehmens und, falls das Werk zensuriert wurde, die Genehmigung der Zensur.

10. Die allgemeine Überwachung der Erfüllung der gegenwärtigen Bestimmungen wird dem Volkskommissariat des Innern auferlegt, das binnen zwei Wochen nach Vereinbarung mit dem Höheren Volkswirtschaftsrat eine Instruktion auszuarbeiten hat.

(Bestimmungen des STO — Arbeits- und Verteidigungsrat — vom 2. Dezember 1922. — „Iswestija“ Nr. 287 vom 19. Dezember 1922; „Sobranije usakonenij — Gesetzsammlung“ 1922, Nr. 80, Seite 1019.)

11. Über die Eröffnungsordnung polygraphischer Industrie-Unternehmungen und deren Überwachung.

(Herausgegeben auf Grund der Bestimmungen des STO — Arbeits- und Verteidigungsrat — vom 26. Juli 1922 und vom 2. Dezember 1922, veröffentlicht in der „Sobranije usakonenij — Gesetzsammlung“ 1922, Nr. 47, Seite 589, und Nr. 80, Seite 1019.)

I. Eröffnungsordnung.

1. Staatliche, kooperative und gemeinschaftliche Institutionen, Organisationen und Unternehmungen, sowie private Vereinigungen und Personen, welche einen Handel oder eine Produktion aller Arten von Druckmaschinen, Schriften, Vervielfältigungs- und Schnelldruckapparaten und den betreffenden Zubehörteilen zu eröffnen wünschen, ebenso Druckunternehmungen müssen — je nach Zuständigkeit — bei der administrativen Abteilung oder Kreisverwaltung der Miliz einen Antrag auf Erteilung einer entsprechenden Genehmigung stellen; bei Unterlassung der Vorzeigung einer solchen Genehmigung dürfen die Finanzabteilungen keine Patente erteilen.

2. Bei der Abgabe der Erklärung über die Erteilung der Genehmigung für Handel oder Produktion von Druckmaschinen und Schriften hat derjenige, welcher die Erklärung abgibt, einen Fragebogen (Muster Nr. 1) auszufüllen; für Produktion oder Handel mit Vervielfältigungs- oder Schnelldruckapparaten und deren Zubehörteilen wird der Fragebogen Muster Nr. 2 ausgefüllt; bei Eröffnung eines Druckunternehmens hat derjenige, der die Erklärung abgibt, außer dem Fragebogen Nr. 1 noch Angaben über den voraussichtlichen Umfang der Einrichtungen des Unternehmens zu erteilen, welche nach Muster 3 ausgefüllt werden.

Fragebogen (nach Muster Nr. 2) müssen auch für den verantwortlichen Leiter oder Verwalter des Unternehmens abgegeben werden, wobei kooperative, gemeinschaftliche und private Vereinigungen auch für jedes Mitglied der Verwaltungsorganisation der Vereinigung einen Fragebogen abzugeben haben.

Bemerkung 1. Wird der Leiter oder Verwalter eines polygraphischen Unternehmens ersetzt oder das Personal der Verwaltungsorganisation einer kooperativen, gemeinschaftlichen und privaten Vereinigung verändert, so haben die Institutionen, Organisationen, Unternehmungen und Personen hierüber dasjenige Amt zu benachrichtigen, das die Genehmigung zur Eröffnung erteilt hat, unter Vorlegung von Fragebogen nach Muster Nr. 2.

Bemerkung 2. Die durch die vorstehende Bestimmung verlangten Fragebogen und Auskünfte sind in doppelter Ausfertigung vorzulegen.

3. Genehmigungen über die Eröffnung polygraphischer Unternehmungen werden, je nach Zuständigkeit, durch die administrativen Abteilungen und Kreisverwaltungen der Miliz erteilt.

Bemerkung. Genehmigungen über die Eröffnung von Druckunternehmungen werden durch die im gegenwärtigen Paragraphen bezeichneten Ämter auf Grund eines Beschlusses des Gouvernement-Volkswirtschaftsrates erteilt.

4. In den zur Eröffnung polygraphischer Unternehmungen erteilten Genehmigungen wird keine Frist angegeben, jedoch muß

eine neue Genehmigung erlangt werden, falls das Unternehmen binnen einem Jahre nach Erteilung der Genehmigung nicht in Betrieb gesetzt wird.

5. Die Übergabe polygraphischer Unternehmungen wird unter der Bedingung zugelassen, daß die Vereinigung oder Person, welcher das Unternehmen übergeben wird, eine Genehmigung auf Grund der Bestimmungen der gegenwärtigen Instruktion erlangt.

II. Überwachungsordnung.

6. Unternehmungen, welche mit polygraphischen Zubehör-Gegenständen handeln oder solche erzeugen, müssen über sämtliche vorhandenen, zu erzeugenden, angekauften oder verkauften Maschinen, Schriften, Vervielfältigungs- und Schnelldruckapparate und deren Zubehörteile strengstens Rechnung führen, wofür besondere Bücher eingerichtet werden müssen, die nach Muster Nr. 4 und 6 geführt werden.

7. Bei Eintragung der vom Unternehmen neu bezogenen Maschinen, Schriften, Vervielfältigungs- und Schnelldruckapparate und deren Zubehörteilen muß das Unternehmen, von dem sie bezogen wurden, im Buch angegeben werden.

Bei Lieferung der genannten Gegenstände muß im Buch die Nummer und das Datum der Genehmigung der administrativen Abteilung oder Kreisverwaltung der Miliz angegeben werden, auf Grund deren die Gegenstände verkauft worden sind, sowie die Benennung der erwerbenden Vereinigung oder Person.

8. Unternehmungen, welche mit polygraphischen Zubehör-Gegenständen handeln oder solche erzeugen, haben alle sechs Monate der administrativen Abteilung oder Kreisverwaltung der Miliz einen Bericht (in doppelter Ausfertigung) über sämtliche erzeugten, gekauften oder verkauften Maschinen, Schriften, Vervielfältigungs- und Schnelldruckapparate und deren Zubehörteile vorzulegen; dieser Bericht wird nach Muster Nr. 4 und 7 geführt.

9. Die Druckunternehmungen sind verpflichtet, in einem besonderen Buch über die Einrichtungen des Unternehmens, unter Angabe der Erwerbsquellen, strengstens Rechnung zu führen. Über jede Veränderung dieser Einrichtungen haben die Druckunternehmungen in Monatsfrist die administrative Abteilung oder Kreisverwaltung der Miliz nach Muster Nr. 5 zu benachrichtigen.

10. Jedes Druckunternehmen ist verpflichtet ein Schnurbuch zu besitzen, welches von der administrativen Abteilung oder Kreisverwaltung der Miliz geschnürt wird; in dieses Buch werden alle zum Druck bestimmten Werke, unter Angabe des Auftraggebers, der Anzahl der Exemplare, des Druckformats und der Genehmigungsnummer der entsprechenden Glawlit-Organisation eingetragen.

11. Alle Druckunternehmungen haben der administrativen Abteilung oder Kreisverwaltung der Miliz alle sechs Monate einen Bericht (in doppelter Ausfertigung) über sämtliche erhaltenen und erledigten Aufträge vorzulegen, welcher Bericht nach den Angaben des Schnurbuches (§ 10) zusammengestellt wird.

12. Die Kontrolle der Erfüllung der für die Eröffnung und Ausnutzung derselben festgesetzten Regeln durch die Unternehmungen, welche mit polygraphischen Zubehör-Gegenständen handeln und solche erzeugen, sowie die Kontrolle der Buchführung und rechtzeitigen Berichterstattung wird den administrativen Abteilungen und Kreisverwaltungen der Miliz auferlegt.

13. Die der Verletzung der Bestimmungen über die Eröffnung und Ausnutzung der Druckunternehmungen schuldigen Personen tragen die strafrechtliche Verantwortung nach § 225 des Strafgesetzbuches.

Falls ein Unternehmen, das drucktechnisches Material herstellt oder damit handelt, oder ein Druckunternehmen die vorgeschriebenen Berichte nicht erstattet, werden die schuldigen Personen strafrechtlich verfolgt; Amtspersonen gemäß § 188, andere gemäß § 226 des Strafgesetzbuches.

(Instruktion des Volkskommissariats des Innern Nr. 422 vom 11. November 1926. — „Bülleten NKWD — Anzeiger des Volkskommissariats des Innern" Nr. 28 vom 7. Dezember 1926.)

12. Bestimmungen über die Honorierung literarischer Arbeiten.

1. Der gegenwärtige Tarif gilt für alle Preßarbeiter, literarische und technische, ohne Rücksicht darauf, ob dieselben Mitglieder des Gewerkschaftsbundes der Aufklärungsarbeiter sind oder nicht.

2. Die gegenwärtigen Bestimmungen haben die Kraft eines obligatorischen Minimaltarifs für ausnahmslos alle Verlage, amtlichen Redaktions- und Verlagsabteilungen, Büros und Expeditionen zur Verbreitung von Druckschriften, ebenso für sämtliche Unternehmungen und Institutionen, in welchen Preßarbeiter beschäftigt werden.

3. Alle früheren Bestimmungen und örtlichen Vereinbarungen über die Honorierung der Preßarbeiter werden, soweit sie die Arbeitsbedingungen im Vergleich mit dem gegenwärtigen Tarif verschlechtern, nach Inkraftsetzen desselben aufgehoben.

4. Die im Tarif angegebenen Stufen können für Kreiszeitungen, Informationszeitungen, sogenannte Abendzeitungen (ohne politische Leitartikel), für Zeitungen ausgesprochen fachlicher Art und Gouvernementszeitungen, die nicht täglich erscheinen, um eine Stufe herabgesetzt werden; für Kreiszeitungen, die alle zwei Tage oder noch seltener erscheinen, um zwei Stufen.

5. Die im gegenwärtigen Tarif festgesetzten Produktivitätsnormen sind als minimale gedacht und können durch kollektive Verträge oder Tarifvereinbarungen erhöht werden.

6. Literarische Arbeit gehört nicht zu den Pflichten des leitenden Personals einer Redaktion (Redakteure, Sekretäre und Abteilungsleiter) und wird als Akkordarbeit besonders bezahlt.

7. Der Entgelt für die auf Grund eines persönlichen Vertrages vereinbarten Produktivitätsnormen (sogenanntes Fixum für literarische Arbeiter) wird nach den Tarifsätzen, proportionell den vereinbarten Normen berechnet.

8. Nichterreichung der gemäß den Tarifsätzen oder dem Fixum zu bezahlenden Produktivitätsnormen, welche nicht durch das Verschulden des Arbeiters stattgefunden hat (vorübergehende Überlastung der Druckausgabe mit anderem Material, vorübergehende Reduzierung des Umfangs der Druckausgabe, Verzögerung der Herausgabe einzelner Drucknummern, Erfüllung unaufschiebbarer Partei- oder Gewerkschaftspflichten durch den Arbeiter während der Arbeitsstunden, vorübergehende Krankheit usw.), kann nicht zu irgendwelchen Abzügen vom vereinbarten Verdienst Veranlassung geben.

9. Gemischte literarische Produktivitätsnormen, die auf Grund von Tarifsätzen bezahlt werden, sind so zu berechnen, daß der Wert dieser Produktivität laut Akkordsätzen des gegenwärtigen Tarifs insgesamt den Grundtarifsatz des Mitarbeiters ergibt.

12. Die Normen des Arbeitsgesetzbuches über Kompensation bei Entlassung, Urlaub, für arbeitsfreie Zeit, bei Urlaub infolge Schwangerschaft usw. gelten für die ständigen wie die zufälligen Mitarbeiter, ungeachtet dessen, ob dieselben auf Grund der Tarif- oder Akkordsätze bezahlt werden.

Bemerkung. Ein ständiger Mitarbeiter ist ein solcher, der auf Grund bestimmter Aufgaben der Redaktion arbeitet und die für ihn festgesetzten Arbeitsnormen erfüllt, wenn diese Arbeit seine Hauptbeschäftigung ist.

13. Die Arbeit zufälliger und provisorischer Mitarbeiter wird nach Vereinbarung bezahlt, jedoch nicht niedriger, als es sich aus den Tarifsätzen und entsprechenden Akkordsätzen des gegebenen Unternehmens ergibt.

17. Akkordsätze werden durch Division der Tarifsätze durch die Produktivitätsnormen berechnet.

18. Bei Festsetzung der Zeilensätze wird die normale Zeitungszeile mit 35 Druckzeichen berechnet. Bei Berechnung literarischer Akkordsätze wird der normale Druckbogen mit 40 000 Druckzeichen berechnet.

19. Die Akkordsätze können je nach der Qualität des einzuschätzenden Materials und der Schwierigkeit der Beschaffung (Spezialchronik usw.) erhöht werden.

20. Eine besondere Entsendung eines Mitarbeiters in eine Versammlung, Konferenz, eine Institution usw. zwecks Berichterstattung oder Information wird als solche bezahlt, d. h. es ist nur die erfüllte literarische Arbeit (Bericht, Information, Artikel) zu bezahlen, falls der zu besuchende Ort sich in den Grenzen der Stadt befindet. Bezahlung der Reisen außerhalb der Stadtgrenzen wird durch das Arbeitsgesetzbuch oder einen Kollektivvertrag reguliert.

21. Falls der entsandte Mitarbeiter aus von ihm unabhängigen Gründen die verlangten Berichte oder Informationen nicht liefern kann (Aufhebung einer Konferenz, Belanglosigkeit des Inhalts eines Berichts usw.), wird ihm 50% des bestellten Materials bezahlt oder zu seinen Produktivitätsnormen zugerechnet.

22. Bestelltes und rechtzeitig abgeliefertes Material soll, falls dasselbe von der Redaktion abgewiesen wird, in Höhe von 50 % seines Wertes nach normalen Sätzen bezahlt werden.

23. Zum Druck angenommenes, jedoch aus irgendwelchen Gründen später abgewiesenes Material (Material, welches bereits zum Setzen gegeben wurde; Material, über welches dem Verfasser seitens der Redaktion erklärt wurde, daß es angenommen wird), soll wie gedrucktes voll bezahlt werden.

(Den hier aufgeführten Bestimmungen folgt der Tarif selbst, welcher aus nachstehenden fünf Rubriken besteht: 1. Laufende Nummer, 2. Benennung („Nomenklatur") des Amtes, 3. Inhalt der Arbeit und Qualifikation, 4. Tarifstufe und 5. Produktivitätsnormen.)

(Auszug aus dem Tarif des Gewerkschaftsbundes der Aufklärungsarbeiter der UdSSR.)

13. Über die Arbeiter- und Bauernberichterstatter.

I.

Das Volkskommissariat des Innern gibt die Ordnung der Einsendung und Prüfung von Briefen und Aufsätzen der Arbeiter- und Bauernberichterstatter bekannt und empfiehlt gleichzeitig folgendes zu beachten und zu erfüllen:

1. Die Regeln über „die Ordnung der Einsendung und Prüfung von Klagen über die Tätigkeit der Administrations-Ämter und Amtspersonen", welche im Zirkular des Volkskommissariats des Innern vom 9. Oktober 1924 Nr. 459 („Bülleten NKWD — Anzeiger des Volkskommissariats des Innern" 1924, Nr. 38) und im Zirkular vom 24. Dezember 1924 Nr. 594 („Anzeiger des Volkskommissariats des Innern" 1925, Nr. 1) veröffentlicht worden sind, betreffen auch die Ordnung der Einsendung und Prüfung von Briefen und Aufsätzen der Arbeiter- und Bauernberichterstatter.

2. Die vom Volkskommissariat des Innern, von Zeitungsredaktionen und unmittelbar von Arbeiter- und Bauernberichterstattern bei den örtlichen kommunalen und administrativen Abteilungen der Gou-

vernement- und Kreis-Exekutivkomitees und deren untergeordneten Ämtern einlaufenden zu prüfenden Briefe und Aufsätze dürfen, falls die Einsendung derselben an andere Ämter zwecks Aufklärung oder Prüfung der im Brief oder im Aufsatz angegebenen gesetzwidrigen Tätigkeit eines Administrationsamtes oder einer Amtsperson sich als notwendig erweisen sollte, nicht im Original eingesendet werden. Im bezeichneten Falle macht das Amt, welches als erstes den Brief oder den Aufsatz erhalten hat, ohne deren Verfasser zu nennen und sich lediglich auf deren Inhalt beziehend, eine entsprechende Anfrage und verlangt die nötige Auskunft oder fertigt Kopien davon an, ohne den Verfasser zu nennen.

3. Personen, welche sich der Enthüllung der Namen von Arbeiter- und Bauernberichterstattern schuldig gemacht haben, sind laut Zirkular des Höheren Gerichts vom 31. Januar 1925 Nr. 6 nach §§ 104 Abs. „c" und 117 des Strafgesetzbuches strafrechtlich zu verfolgen.

(Zirkular des Volkskommissariats des Innern Nr. 131 vom 28. Februar 1925. — „Bülleten NKWD — Anzeiger des Volkskommissariats des Innern" 1925, Nr. 10 [150].)

II.

Aus der Mitteilung einer Zentral-Zeitung ist zu ersehen, daß einige Ämter und Amtspersonen, welchen die Zeitungsredaktion Briefe und Aufsätze von Arbeiter- und Bauernberichterstattern zur Prüfung eingesandt hatte, die Namen der Arbeiter- und Bauernberichterstatter, als der Verfasser dieser Mitteilungen, sowie den Inhalt der Mitteilungen nicht geheimgehalten haben. Dies setzt einerseits den Arbeiter- oder Bauernberichterstatter, der den Aufsatz über eine nicht gesetzmäßige Handlung verfaßt hatte, der Gefahr einer persönlichen Verfolgung seitens der von ihm enthüllten Personen aus; andererseits gibt es den in Frage kommenden Personen die Möglichkeit, die Spuren der von ihnen begangenen Verbrechen zu vertuschen.

Infolgedessen erklärt das Höhere Gericht, daß die Preisgabe der Namen von Berichterstattern sowie des Inhalts der zur Prüfung überreichten Aufsätze durch Amtspersonen, wie die Verbreitung von geheimzuhaltenden Daten aus einer Ermittlung und Voruntersuchung oder anderer geheimzuhaltender Nachrichten, nach dem Strafrecht als Verbrechen zu ahnden ist, und daß die Schuldigen sich der strafrechtlichen Verfolgung nach §§ 104 Abs. „c" und 117 des Strafgesetzbuches aussetzen.

(Zirkular des Höheren Gerichts der RSFSR Nr. 6 vom 31. Januar 1925. — „Jeschenedelnik sowetskoi justizii — Wochenschrift der Sowjet-Justiz" Nr. 6, 1925.)

14. Über die Ermordung von Bauern- und Arbeiterberichterstattern.

Da in der letzten Zeit zahlreiche Prozesse über Ermordungen von Bauern- und Arbeiterberichterstattern vorkommen und die Voruntersuchung bei der Qualifizierung dieser Art von Verbrechen auf Schwierigkeiten stößt, empfehle ich, nachstehendes zu befolgen:

1. Gehört der Berichterstatter zu einer Arbeiter- oder Bauernorganisation, z. B. zum Komintern, zur Kommunistischen Partei, zu einem Gewerkschaftsbund, zu Mitgliedern eines Sowjets, zu einem Bauern-Hilfskomitee usw., und hat die Erfüllung sowie die Vorbereitung der Ermordung konterrevolutionäre Zwecke verfolgt (2. Teil § 58 des Strafgesetzbuches), so ist das Verbrechen nach § 64 des Strafgesetzbuches[1]) zu qualifizieren.

2. Ist die Ermordung des Berichterstatters aus habsüchtigen oder anderen niederen Gründen, überhaupt aus rein persönlichen Gründen erfolgt, also wenn die Ermordung nicht mit der Tätigkeit des Berichterstatters als solcher zusammenhing, so wird sie nach § 142 des Strafgesetzbuches bestraft.

Gleichzeitig wird zwecks möglicher Belebung der Tätigkeit der Staatsanwaltschaft auf Grund von Zeitungsmitteilungen folgendes empfohlen:

erstens, anläßlich Versammlungen oder Konferenzen von Arbeiter- und Bauernberichterstattern sowie umfangreicher Arbeiterversammlungen dortselbst Berichte der Staatsanwaltschaft über Angelegenheiten, die mit der Tätigkeit derselben in Verbindung mit Zeitungsmitteilungen zusammenhängen, vorlesen zu lassen, z. B. über die Art der als richtig oder als unrichtig erwiesenen Mitteilungen, über das Wesen der Enthüllungen, über zulässige Ungenauigkeiten in den Mitteilungen, über die Schnelligkeit der auf Grund von Mitteilungen geführten Untersuchungen, über Strafmaßnahmen gegenüber den Schuldigen usw.;

zweitens, nötigenfalls die Anregung zur regelmäßigen Einberufung von Konferenzen der Arbeiter-Berichterstatter zu geben;

drittens, alle Zeitungsmitteilungen der Berichterstatter zwecks systematischer Beobachtung der auf Grund dieser Mitteilungen geführten Untersuchungen genau zu prüfen;

viertens, zur schnellsten Durchführung der auf Grund von Zeitungsmitteilungen getätigten Untersuchungen energische Maßnahmen zu ergreifen;

fünftens, in Bauernversammlungen und in der örtlichen Presse die Möglichkeit harter Strafen für Personen, die auf Arbeiter- und Bauernberichterstatter Attentate verüben sollten, weitgehend bekanntzugeben;

---

[1]) Als Strafe ist im § 64 die Hinrichtung durch Erschießung vorgesehen.

sechstens, dafür zu sorgen, daß die durch Zeitungen enthüllten Sachen sofort nach Beendigung der Voruntersuchung oder Ermittlung zur gerichtlichen Verhandlung gelangen.

(Zirkular des Volksjustizkommissars vom 11. November 1924. — „Jeschenedelnik sowetskoi justizii — Wochenschrift der Sowjet-Justiz" Nr. 45, 1924.)

15. Auszug aus dem Strafgesetzbuch der RSFSR 1926.

§ 58 (17). Die Anfertigung, Aufbewahrung zum Zwecke der Verbreitung und die Verbreitung von Literatur konterrevolutionärer Natur — (hat zur Folge) —

Freiheitsverlust für die Zeit nicht unter einem Jahr.

§ 58 (18). Das Erfinden und die zu konterrevolutionären Zwecken erfolgte Verbreitung falscher Gerüchte und ungeprüfter Nachrichten, die Unruhe in der Öffentlichkeit hervorrufen, Mißtrauen gegen die Staatsmacht erwecken oder dieselbe diskreditieren können —

Freiheitsverlust für die Zeit nicht unter sechs Monaten.

Bleibt die konterrevolutionäre Natur der besagten Handlungen unbewiesen, so kann die Maßnahme der sozialen Verteidigung auf drei Monate Zwangsarbeit herabgesetzt werden.

§ 59 (7). Die Anfertigung, Aufbewahrung zum Zwecke der Verbreitung und die Verbreitung von literarischen Werken, welche zu den in §§ 59 (2) bis 59 (5) genannten Verbrechen anstiften —

Freiheitsverlust für die Zeit nicht unter sechs Monaten; bei Vorhandensein erschwerender Umstände, welche im 2. Teil des § 59 (6) vorgesehen sind —

Freiheitsverlust für die Zeit nicht unter einem Jahr.

(Nach § 59 [2] bis 59 [5] werden die wichtigsten Verbrechen gegen die Staatsordnung verfolgt: nach §§ 59 [2] und 59 [3] — Teilnahme an Massenunruhen; nach § 59 [4] Organisation und Teilnahme an Banden; nach § 59 [5] — massenhafte Verweigerung der Steuerzahlung oder Verpflichtungen-Erfüllung; nach § 59 [6] — Agitation und Anstiftung zum Begehen der in den §§ 59 [2] bis 59 [5] bezeichneten Verbrechen; nach dem 2. Teil des § 59 [6] — Agitation und Anstiftung zur Nichterfüllung militärischer oder mit der Kriegführung verbundener Pflichten und Schuldigkeiten während des Krieges.)

§ 59 (11). Verletzung der Verordnungen, welche die Durchführung der staatlichen Monopole regeln —

Freiheitsverlust oder Zwangsarbeit für die Zeit nicht unter sechs Monaten.

§ 96. Veröffentlichung der Daten einer Voruntersuchung, Ermittlung oder Revisionskontrolle ohne Genehmigung des Staatsanwalts, Untersuchungsrichters oder der Amtsperson, welche mit der Ermittlung oder Revision beschäftigt war —

Freiheitsverlust für die Zeit bis zu sechs Monaten oder Geldstrafe bis fünfhundert Rubel.

§ 121. Veröffentlichung, Bekanntgabe, Übermittlung oder Ansammlung zwecks Übermittlung an Amtspersonen von Nachrichten, die nicht veröffentlicht werden sollen —

Freiheitsverlust für die Zeit bis zu drei Jahren oder Disziplinarstrafe, welche durch die entsprechenden Ämter auferlegt wird.

§ 160. Beleidigung durch verbreitete oder zur öffentlichen Besichtigung ausgestellte Druckschriften oder Abbildungen —

Zwangsarbeit für die Zeit bis zu sechs Monaten oder Geldstrafe bis dreihundert Rubel.

§ 161, 2. Teil. Verleumdung mittels eines gedruckten oder durch andere Mittel vervielfältigten Werkes —

Zwangsarbeit für die Zeit bis zu einem Jahr oder Geldstrafe bis eintausend Rubel.

§ 177. Eigenmächtige Benutzung einer Erfindung nebst Verletzung der gesetzlichen Verordnungen über Patente, sowie eigenmächtige Ausnutzung literarischer, musikalischer und anderer künstlerischer oder wissenschaftlicher Werke nebst Verletzung des Gesetzes über das Autorenrecht —

Zwangsarbeit für die Zeit bis zu drei Monaten oder Geldstrafe bis eintausend Rubel.

§ 185. Verletzung der für die Vervielfältigung und Herausgabe von Druckwerken festgesetzten Regeln, sowie der Verordnungen über die Photo-Kino-Zensur —

Zwangsarbeit für die Zeit bis zu drei Monaten oder Geldstrafe bis dreihundert Rubel.

§ 190. Verletzung der Regeln über die Eröffnung und den Betrieb von Typo- und Lithographien und ähnlichen Unternehmungen —

Zwangsarbeit für die Zeit bis zu drei Monaten oder Geldstrafe bis dreihundert Rubel.

(„Sobranije usakonenij — Gesetzsammlung“ 1926, Nr. 80, Seite 600.)

16. Über den Handel mit Werken der nichtperiodischen Presse in Moskau und im Moskauer Gouvernement.

1. Institutionen, Kooperative und Privatpersonen, welche einen Handel mit Werken der nichtperiodischen Presse eröffnen wollen (in verdeckten Räumen, Zeitungsständen, Zelten, Straßenschränken usw.), sind verpflichtet, in der Stadt Moskau von der administrativen Abteilung des Moskauer Gouvernement-Exekutivkomitees, in Kreisstädten oder Orten von den Kreis-Administrationsabteilungen eine Genehmigung zu erlangen.

2. Institutionen, Kooperative und Privatpersonen haben bei Einreichung des Gesuchs um Genehmigung zum Bücherhandel folgendes anzugeben: a) genaue Benennung, Anschrift der Institution oder des Kooperativs, oder den Vor-, Vater- und Zunamen der Privatperson; b) den Vor-, Vater- und Zunamen der der Institution oder dem Kooperativ vorstehenden Person; c) den Vor-, Vater- und Zunamen und Anschrift der verantwortlichen Person, welche die Buchhandlung unmittelbar leitet; d) Anschrift der Buchhandlung und aller Hilfslager des Unternehmens.

3. Die Leiter der Handelsunternehmungen sind verpflichtet, alle in den gemachten Angaben nach Genehmigungserteilung eintretenden Veränderungen dem Amt, welches die Genehmigung erteilt hat, bekanntzugeben.

4. Agenten der staatlichen, gemeinschaftlichen und privaten Verlage, welche in der Stadt Moskau oder im Moskauer Gouvernement mit der Verbreitung oder Bestellungsannahme der Druckschriften beschäftigt sind, sind verpflichtet, entsprechende, von dem Verlag, welcher dieselben bevollmächtigt hat, stammende Bescheinigungen bei sich zu führen; besagte Bescheinigungen müssen in der administrativen Abteilung des Moskauer Gouvernement-Exekutivkomitees oder in den Kreis-Administrationsabteilungen nach Zuständigkeit registriert werden.

Bemerkung. Agenten der Zentralverlage, welche Bescheinigungen über das Verbreitungsrecht von Druckschriften auf dem gesamten Territorium der RSFSR oder über die Grenzen des Moskauer Gouvernements hinaus besitzen, haben die unter Ziff. 4 erwähnten Bescheinigungen im Volkskommissariat des Innern zu registrieren.

5. Der Bücherhandel wird nur zu denjenigen Preisen genehmigt, welche die durch die Verlage festgesetzten und auf den Büchern angegebenen nicht übertreffen.

6. Die Nichterfüllung oder Verletzung der gegenwärtigen Verordnungen hat eine administrative Geldstrafe zur Folge: in der Stadt Moskau und anderen Städten mit einer Bevölkerung über 5000 Mann — bis 100 Rubel, in anderen Orten — bis 10 Rubel.

(Verordnung des Präsidiums des Moskauer Arbeiter-, Bauern- und Rotarmisten-Rates Nr. 81 vom 8. März 1927. — „Iswestija AOMGIK — Nachrichten der Administrativen Abteilung des Moskauer Gouvernement-Exekutivkomitees" Nr. 43 vom 10. April 1927.)

Sachregister.

Z.

FSC
www.fsc.org
MIX
Papier | Fördert
gute Waldnutzung
FSC® C083411

Kolibri 360 GmbH
Ferdinand-Jühlke-Straße 7
99095 Erfurt, Deutschland
produktsicherheit@kolibri360.de